ウキウキ ヒーローズ

Ukiuki - Heroes

スタッフが主役で口コミされながら夢を叶える会社の物語

ウキウキホリウチマン
堀内正己

HS

はじめに

この本は、大切な友人達からの励ましや、彼らへの感謝の想いから生まれました。もしも、これらの出逢いが一つでも欠けていれば、今の私もこの本も、この世に存在することはなかったはずです。

以前の私は、**自分のことを何の取柄もない、すでに終わった人間だと思っていました。**何をするにも投げやりで、孤独で、怒りや疑問に満ちた毎日を過ごしていました。人前では、明るく、カッコをつけていても、心の中では、いつも言いようのない不安に包まれていました。

そんな私ですから、**夢を叶える人、お金儲けが上手な人には、自分にはない才能がある。**性格が優しくて、友達が多い人には自分が味わえなかった温かい家庭がある。少しでも損をしないように生きていくには、本当の姿を隠して、少しでも自分を大きく、強く見せていくしかない。そう信じていました。

しかし、それは間違いでした。何の取り柄もない人なんていないし、生きている意味のない、終わった人なんてこの世に一人もいないと思います。そして、救いようのない孤独な人生や、**辛いばかりの仕事をいつまでも変えられないということもないはずだと思っています。**

それでは**なぜ、現代の世の中には元気のない大人達があふれているのでしょう。**経営者も、スタッフも、目先のことばかりで明るい未来を描くことをどうして諦めてしまったのでしょうか?

それは、きっと、まだ**ウキウキに出逢っていないからだ**と思います。

これから始まる物語には、ウキウキに出逢ったことで大きく変わっていく会社や人物が登場します。どこにでもいるような平凡な人達が、自分の仕事に働く意味を見出し、やがて口コミで行列ができる会社に成長していくのです。

できるだけ、面白おかしく話が展開するよう、多少のフィクションを交えていますが、登場している人物やエピソードは、基本的に、実際に出逢った人や私自身の経験がベースになっています。

この本を読み終えた後に、仕事や人生が結構ウキウキしていると思っていただけたら、こんなに嬉しいことはございません。

それでは、まず**「これから私にどんなウキウキが待っているんだろう」**と口ずさみながら、最初の１ページを開いてみて下さい。

目次

イラスト…丸山美和

❶「悪いけど1億円貸してくれ」

〜ダメ人生を変えた出逢いは嵐と共にやってきた。

2009年1月、空気も凍りそうな真冬の札幌の朝、雲ひとつない晴れた空にはダイヤモンドダストがキラキラと輝いていた。

札幌市中央区大通東の、時代に取り残された古い町並みの一角に、ひっそりと佇んでいる小さな会社がある。住宅の建築・リフォーム業を細々と営んでいる**「株式会社ウキウキヒーローズ」**だ。

午前8時、築20年以上の昭和の住宅を改装した小さな事務所に、今日も、20名のスタッフ達が出勤してきた。

この時、これからたったの1年で、このどこにでもいる平凡な大人達が、**住宅業界の革命児**として**日本全国に名前をとどろかす**ことになるとは、誰が予想することができただろう。

❶「悪いけど１億円貸してくれ」

「遠藤さん、おはようございます」と、僕は、玄関の雪をスコップでよけている総務の遠藤保子さんに挨拶をした。「中山君おはよう」と、素敵な笑顔で彼女は応えてくれた。

遠藤さんは愛想笑いの天才だ。一見、人当たりがよく見えるが、**一日中、他のスタッフの悪口や噂話ばかりを言っている。**

僕も彼女の噂話には心を痛めている一人だ。なんせ、入社早々「中山君は新婚の奥さんと1週間に10回以上エッチしている」などと根も葉もない噂をされ、**「エロ山」**というニックネームをつけられてしまったのだから。

僕の名前は中山慎司（なかやま　しんじ）36歳。2ヶ月前に、ウキウキヒーローズのPR担当として入社した新人だ。この会社に入る前は、色々な職を転々と移り歩き、最後は、売れない経営コンサルタントをしていた。

ウキウキヒーローズは、北海道札幌市で30年間住宅を販売している歴史ある会社だが、1年前に、会長のお嬢さんで**元暴走族の総長**をしていた名波じゅん子が社長に就任し、**社名も「名波工務店」から「ウキウキヒーローズ」に変わっていた。**

僕がこの会社に入社できたのは、人生最後の賭けで経営コンサル事務所を起業したものの、結局は泣かず飛ばずで、借金がかさんでどうにもならなかったところを、高校時代のサッカー部の相馬先輩が、親戚のじゅん子社長に紹介してくれたからだった。２００８年11月のことだ。ところが、

「今さら、人の下で働くなんてまっぴらだ。いよいよこのコンサル事務所がやっていけなくなったら、その時には、いさぎよくテレビ塔のテッペンから首を吊って死んでやる」

僕は、相馬先輩の親切にもかかわらず本気でそう思っていた。失敗続きの人生に嫌気がさしていたのだ。今から考えると、なんて、子どもっぽくて乱暴な考えなんだろう。

❶「悪いけど１億円貸してくれ」 

そんな状態だったので、これからの1年でどんなに自分の人生が変わっていくのかも知らずに、僕は、ただただ、さっさと断って帰ろうと思っていた。人生には、次の瞬間、どんなに素敵なことが待っているか分からないっていうのに。

とにかく、相馬先輩の顔さえ潰さなければいい。扉を開いた時には、そんなことだけを考えていた。

じゅん子社長は、ウキウキヒーローズに来るまで、全国規模のハウスメーカー、**マンチェスターハウスのトップ営業マン**だった。彼女の累計販売棟数は40代前半の時点で１０００棟を超えており、**年間の受注ペースは毎年60棟**という途方も無い実績を持っていた。

一般的には、年間12棟も売ればトップセールスといわれる住宅業界において、同業他社からは、羨望とやっかみの念を込めて**「バケモノ」「インチキ」**と、彼女は常に後ろ指を指される存在でもあった。

打合せスペースに通されて、神妙にしている僕の前に、名波じゅん子社長が現れた。僕より10歳年上の46歳と、ネット上の新聞記事では紹介されていたが、実際にはそれよりずっと若く見えた。身長は155センチくらいだろうか、細身で小柄な女性だった。

この女性のどこから年間60棟もの契約を達成するパワーが生れてくるのだろう。本当にスーパー営業マンなんだろうか?

「は、はじめまして、中山です。今日はありがとうございます」

僕は、最初から完全に飲まれてしまっていた。

「あんたが中山君かい?」

じゅん子社長は、かすれた声で応じながら席についた。可愛らしい見た目とは裏

腹に、その声音からは、**どちらかというとヤクザ映画でも通用しそうな凄みがにじみでていた。**

少しの沈黙がすごく重く感じられた。

「**おい、このボンクラ。なめてんのか!?**」なんて、いわれたらどうしようか。やっぱ、来るんじゃなかった。僕は、すぐに後悔の気持ちで一杯になった。**早く帰りたい！**

ところが、2時間後、僕はじゅん子社長に惚れ込んでしまっていた。実は、彼女に会う前、その驚異的な実績について、口でうまいことを言ってみたり、お色気で人をだまして契約をとっているんじゃないか？　とも、心の隅では思っていたのだ。

しかし、それは間違いだった。

最初は、ローコスト住宅を販売している、小さな会社の電話番として訳も分からずに勤めだしたのが、住宅業界に飛び込んだきっかけだった。電話番なら女一人子一人の家庭でも出来る仕事だと思ったのだ。彼女は母子家庭のお母さんでもあった。

それが、たまたま家づくりのことで悩みを抱えているお客様が、電話で問い合わせてきたのを他人事と思えなくなり、親身に相談に乗っていたら、最初の1棟が売れてしまったのだという。なんと、最初の1棟目は電話で家を売ってしまったのだ。

その後は、評判が評判を呼んで雪だるま式に広がっていたというのが、彼女自身の口から語られた体験談だった。しかし、業界人の誰もが腰を抜かすような実績も、決して面白いようにつくられた訳ではなかったのだ。

じゅん子社長は、自身の道のりを振り返って

「一人一人のお客様と向き合っていく時に絶対必要な勇気とか、絶対必要な努力がある。どんなに恐くても、そこから逃げない、見ないふりをしない。

❶「悪いけど1億円貸してくれ」

例えば、一見、幸せそうに見えるご家庭でも、本当は、ご主人がずっと浮気をしていることに奥さんが深く傷ついていることもあるし、お姑さんのことで、気の休まらないこともある。

決して、プライベートに立ち入る訳ではなくても、**その人が本当にして欲しいことを分かってあげることが大切なんじゃないかと思う。家を売るのに、言葉のマジックとか、魔法の杖なんてどこにもないんだよ**」

というようなことを話してくれた。

こうして、女性ということだけでもハンディキャップになる業界において、彼女は熱烈なファンを増やしてきたのだった。**何て使命感が強い人だろう。**

話をしながら、最初は疑いの心で聞いていた僕は、だんだんと自分が恥ずかしくなっていた。じゅん子社長とは正反対に、上手くいかないのを他人のせいにして、楽な方、楽な方へと生きてきたからだ。

そんな僕に対して彼女が言ってくれた言葉が予想外に優しかったので、**最後には不覚にも涙を流してしまった。**こんなハズじゃなかったのに！　なんでこうなるの？

「あたしはね、こんな自分でも**頼ってくれた人は絶対に後悔させたくない。**思えば、その気持ちだけで今まで頑張ってきたんだよね。

あんたも随分苦労したらしいね。見るからに不器用そうだもんな。それじゃあ、経営コンサルタントなんて無理だよ。

でも、相馬がね、あんたは頑張り屋だって言っていたよ。サッカーが上手になりたくて、小学校から高校まで、いつも一人で居残り練習していたんだろ？　そんな奴を私は放っておけないんだ、何か応援してあげたくなっちゃうんだよね。

あたしはね、**お客様のどんな夢にも絶対にNOっていわない、お客様が心から建てたいお家をつくる住宅会社をつくりたいんだ。**この会社に、**お前にしか出来ないことがもしかしたらあるかもしれないよ**」

何なんだろう、この人は。初対面の相手にどうしてここまで心を開けるんだろうか？　じゅん子社長の話を聞きながら、身体中の血が沸騰してくるのを感じた。僕も、ひねくれているようで、意外と、単純なところもあるのかもしれない。

そして、その時には、すっかり、じゅん子ワールドにはまっていたのだ。話の後半からは、**鼻水も涙も垂れ放題だった。**笑いながら彼女がティッシュをくれた時、初めて僕も笑顔になることができた。

「**どうか、よろしくお願いします！　ここで働かせて下さい**」

気づいたら、僕は机に頭をぶつける勢いでじゅん子社長に頭を下げていた。

こうして僕は、ウキウキヒーローズの一員になったのだ。そして、現在会社は、じゅん子社長を中心に、社員20名で毎日楽しく明るくがんばっている。

と、言いたいところなのだが、実際には「**ウキウキ**」という社名とは裏腹に、誰もが陰では「**ムリムリ**」という言葉や、言い訳ばかりを並べていた。じゅん子社長が、次々と契約を取ってくるので、何とか資金繰りは綱渡りを続けていたが、会社の雰囲気はかなり悪い部類に入るだろう。倒産せずにいられるのは彼女が一人で走り回っていたからだ。

そんな状態だから、工事や設計においても当然トラブルが続発していた。

じゅん子社長が営業や出張でいなくなった途端に、いつも社内は、社長の悪口のオ

ンパレードになる。最初、僕もこのギャップに、どうしていいか分からなくなってしまっていた。

しかし、注意深くみんなの話を聞いていると、創業30年の歴史がある「名波工務店」を、じゅん子社長が突然「ウキウキヒーローズ」なんて名前に変えてしまったことや、いくら凄腕営業マンとはいっても、経営には素人のじゅん子社長がいきなりトップになったことに対して、ベテランを中心に大きな反発があるようだった。

現在、北海道の住宅市場は、日本全国3万社の住宅会社や工務店の内、約3000社が集中する最大の激戦区の一つになっている。市場は大泉改革以来の公共事業削減で冷え込んでおり、ウキウキヒーローズもかつてない苦難に直面していた。

会社の内部が、ゴタゴタしている場合なんかじゃないはずなんだが……。

最近、有名タレントのコマーシャルと徹底した低価格戦略で、ここ10年で一気にのし上がってきたセリエホームという会社が、とうとう北海道にも上陸し、地元の業者は、更に警戒感を強めていた。

そして、なぜかそれもこれも、会社の中ではみんなじゅん子社長が悪いということになっていた。

さっそく、現在本州で売れまくっているセリエホームの住宅で一山当てようと、地元の営業マン達の中には、古巣の会社を捨てて鞍替えするものも現れ始めていた。稼ぎ頭の営業マンを失った会社の中には、力尽きて会社をたたんでしまうところもあるという。何とも、寂しい限りの世の中だ。

さて、予定表を見ると今日はじゅん子社長が出社してくるぞ。1週間の中国出張から帰ってきたのだ。

「おはよう」じゅん子社長が現れた。相変わらずのかすれた声、今日は少々お疲れ気

❶「悪いけど１億円貸してくれ」

味のようだ。「中山元気か？」と声をかけてもらった僕は、「じゅん子社長、おはようございます！　はい、元気バリバリです」と張り切って返事をした。

「そっか……。お前ちょっと、話あるから会議室来て……」と、彼女はそのまま会議室に入っていった。今日の社長、何だか元気がない。もしかしたら、入社からわずか２ヶ月でクビなんてことないよね、心配しすぎかな？

僕は、恐る恐る彼女の後を追って会議室に向かった。部屋に入ると、じゅん子社長に促されて、僕は彼女の正面に座った。何の話だろう、やっぱりクビなんだろうか？　エロいという噂がよくなかったのか、もし、クビになったら遠藤さんのせいだ。もちろん、まったくエロくないのかと言われたら、そんなことは無いのだが……。

そして、沈黙を破るように「中山、悪いけど1億円貸して」と、じゅん子社長はいきなり本題を切り出してきた。

「**は、1億?**」何の話だ? あー、何か大変なことが始まりそうだ。やっぱりウキウキヒーローズに入社したのは間違いだったのかもしれない。

これじゃあ、ウキウキじゃなくてドキドキだよ。

しかし、これがすべてのドラマの始まりだったのだ。

ソクラテスのメモ

じゅん子社長が「自分を頼ってくれた人を絶対に後悔させたくない」と話していましたね。この強い想いは、行列のできる会社づくりにおいて最も欠かせない要素の一つです。

※「ソクラテスのメモ」とは
ソクラテスはこの物語のキーワードになっている「ウキウキ」を最初に言いだした謎の人物です。今回、この本をご覧くださるあなたさまのために、各章ごとに、彼から「行列ができる会社や自分になる秘訣」を紹介していただいています。

❷「ウキウキたまごの会を立ち上げて1000万円集めろ!」

～この会社にいたら命がいくつあっても足りないかも。

「1億円貸してくれ」なんて、じゅんこ社長はいったいどういうつもりだ？　そんなの無理に決まってんじゃん。ムリムリ！

でも、無理って言って**「じゃあクビ！」**って言われるのも嫌だ、困る。借金も返せなくなっちゃうし！　でも、とにかく誠意だけはアピールしてみよう。あとは、なるようにしかならない。気合いが大事だよ、気合い。

僕は、何とか行けるところまで頑張ってみることにした。

「はい、1億円でも2億円でもあれば幾らでも出しますっ！　けれど、ごめんなさい！　ご存知だと思いますが僕は超貧乏人の借金タレですから。1億円どころか、財布には2000円しか入っていません。**この2000円、少ないですけれど使ってください。**

それにしても、じゅんこ社長、何か大変なことがあったみたいですね。僕に出来ることがあれば何でもしますから！」僕が、財布を出そうとすると彼女は首を横に振ってそれを止めた。

神様仏様、じゅん子社長の怒りに触れませんように！　僕は、祈るような心境で彼女の言葉を待った。

すると、じゅん子社長はこんなことを語り始めたのだ。

「ほんとさ、死ぬほど大変だよ。今回ばかりは、私も絶対に無理って思って朝からずっと泣いていたんだ……。でも、**1週間で10億用意できないとこれまでの努力が全部無駄になっちゃうんだ**」

え、10億？　何じゃあそりゃあ！　益々、訳が分からなくなってきた。

ところで、**じゅん子社長でも人前で泣くことがあるんだ。うわ、どうしよう。泣かないで下さい、じゅん子社長、僕も頑張りますから……。**

実は、この10億円というのは2010年の6月に開催されるサッカーの北京ワールドカップに関するものだった。ウキウキヒーローズが、ワールドカップ関連施設の建設を受注するための、資金要項を満たした事業者であることを、中国政府に示す必要があるのだという。つまり10億円は見せ金だというのだ。

このワールドカップ関連施設の受注に関しては、日本の大手建設会社、建築会社がこぞって参加を目論んでいたが、大泉総理による靖国参拝が繰り返されたことから日中関係が悪化し、ことごとく日本企業は締め出されていた。

そんな中、じゅん子社長は名波工務店に戻る前に在籍していたマンチェスターハウス時代から、**日本の木造住宅で中国に進出するという野望**があり、中国人脈を着々と築いていたのだ。

そして、日本の企業では、ただ1社だけウキウキヒーローズがじゅん子社長の力量で事業参加の認定を受けたのだった。この模様は、夕方のニュース番組でも特集を組まれ業界を驚かせた。僕も、偶然その番組を見ていたが、まさか、裏でそんな事情があったとは知らずにいた。

でも、こんな零細企業に、どうして中国政府がお墨付きを出すということになるのだろうか?

「中国は賄賂もあるし、だまし、裏切りもあるけれど、最後は人脈なんだわ。人脈だけは大事にするのが、あの人達の流儀なんだよ。だから、日本企業は全部はじきとばされてしまったのさ。お金で何とかしようとしたから、いい餌食になったんだよ」

「えー！　そうだったんですか？」そんな世界があるんだと、僕は感心してしまった。

前から、ワールドカップの事業参加については、テレビ局も取材に来ていたし何となくは知ってはいたんだけれど、**今、僕の目の前で泣いているじゅん子社長って、そんなにすごい人だったんだ。**これって、ある意味日本代表だよ。ジャパンだよ！

ところで、中国では、現在、木造住宅がものすごいビジネスチャンスになっているという。なぜかというと、中国では昔ながらのレンガ造りの住宅が、レンガを焼く時にでる煙が、環境に悪影響があるということで、建ててはいけないという法律ができてしまったのだ。

億単位の人達が、1000年以上前から親しんできたレンガのお家に、今後は住めなくなる。それに加えて、中国経済は凄まじい勢いで成長しており、にわか成金が都市にはあふれていた。

じゅん子社長によると、中国の成金達は、表向きは日本人を下等で卑劣な人種と蔑《さげす》んでいたが、内実は日本に対する憧れがはちきれんばかりに膨らんでいるというのだ。

そんな成金の一人が、じゅん子社長に見せた外車のコレクションには、ポルシェやフェラーリなどの超高級車がずらりと並べられていたが、一番大切にしていたのは、なんとトヨタのランドクルーザーだったという。

もちろん、この中国でのビジネスチャンスに日本のハウスメーカーが指を加えて見ている訳はなかった。先を争って中国に進出しようとしていたのだ。

しかし、中国政府の政策で、日本の企業が中国国内で事業を立ち上げる時には、必ず政府と関係がある組織として、合弁事業化することが定められていた。

このため、日本企業は資本金やノウハウを根こそぎ盗まれてしまい、住宅に関してはウキウキヒーローズ以外、ほぼすべての企業が中国国内での事業を断念していた。

ウキウキヒーローズだけが、じゅん子社長のコネクションで独司（独立企業）を立ち上げることができていたのだ。彼女は、この設立を認めさせるために、国家主席だったポキントウの側近にまで、人脈を広げていたということだった。

「いいか、**便所一つでもいいから。石にかじり付いてでも建設にこぎつけるんだ！**そうしたら、うちらは『日本で唯一北京ワールドカップの関連施設を建設した企業』ということでものすごいブランドになる。とんでもない数の成金達は、雪崩のように住宅を求めるはずさ。**うちらみんな5年で億万長者になれるよ**」

歴史はあっても、北海道の小さな小さな工務店が、日本で唯一ワールドカップの関連施設の建設に向けて会社をスタートさせていたというのだ。まだ、中国での会社は紙の上のこととはいえ、僕の目の前には途方もない世界が広がっているように感じた。

ところが、せっかくここまで辿りついたのに大問題が起きたのだ。当初、この見せ金を用意する約束だった北海銀行が、大手ゼネコンのウキウキヒーローズ潰しの圧力に屈してしまい、土壇場になって「10億は用意できない」と言ってきたのだ。

中国政府に対する期限は、あとたったの1週間。

これが、じゅん子社長が泣いていた理由だった。

それでも「最後まで諦めずに何とかするから」とじゅん子社長は涙顔で微笑んでくれた。僕は何が何やら実感できなかったが、自分には10億の内の1億のお金を用意することもできない。なぜか、悔しい想いが激しくこみあげてきた。

これまでの生き方次第では、この1億というお金を用意出来る可能性はあったのだろうか……、そんな想いが頭をよぎった。

「あ、1億、いいですよ」と、簡単に言えたら、どんなにじゅん子社長は喜んでくれただろう? 僕は、そんな妄想をあわててかき消した。でも、現実として、10億なんてお金がたったの一週間で用意できるのだろうか?

そんなことを考えていると、じゅん子社長が何かを思い出したように話し始めた。

「ところでさ、中山。ウキウキヒーローズの友の会をつくりたいんだ。名波工務店時代からのお客様や取引先、あと、社員のあらゆる人脈から『ウキウキたまごの会』っていう、この会社のファンクラブを立ち上げろ。

それで、**参加してくれた人をみんなウキウキにするんだ。**新規

の住宅の紹介をどんどん頂けるようにな。わかるだろ？　会社は、今、大変なんだ。それとな、**あと、入会金で1000万円集めろ**、分かったな。これなら、お前でも出来るだろ！」

「は？」また、訳が分からなくなってきた。おそらく、ハトが豆鉄砲を食らったようなというのは、この瞬間の僕のことを言うのだろう。

「いいか、『ウキウキたまごの会』を立ち上げて、ウキウキヒーローズに関わっている人みんなをウキウキにするんだ。そして、入会金で1000万円集めろ！　分かったな」と、**じゅん子社長は鬼のような怖い顔で繰り返した。**

1000万円？　無理に決まっているじゃないですか。ムリ、ムリムリ、ムリムリムリムリムリムリムリムリムリムリ！　でも、無理って言ったらクビだよ。どうしよう、誰か助けて。

うわ、もう知らない。とりあえず、言っちゃえ！

「**はい、頑張ります！**」と、僕は心の中とは正反対のことを真顔で答えていた。ホント、何でこんなに気が小さいんだろう？　絶対に無理だ。でも、頑張るって言っちゃったよ。もう、荷物まとめて夜逃げしたい。この会社、ぜんぜんウキウキじゃない！

ソクラテスのメモ

じゅん子社長は「日本で唯一北京のワールドカップに事業参加した日本企業」というブランドに執念を燃やしていましたね。一般的に、短期間で劇的な成果を狙う勝負師は、目標を外堀から順番に埋めるのではなく、あえて**一番の難敵を最初に全力で倒そうとするものです**。これも行列ができる会社のブランド戦略の一つといえるでしょう。

❸「一度くらい死ぬ気で何かをやってみろよ、死なないから」

～お店の扉を開くと、リーゼント頭のジーコさんが笑顔で僕を迎えてくれた。

どう考えたって無理だよ、じゅん子社長もめちゃめちゃ言ってくれるな。ホント、困った。

「『ウキウキたまごの会』を立ち上げて入会金で1000万円集めろ！　分かったな」って、なんなの？　僕は、その日ずっと**「ウキウキたまごで1000万」**のことが頭から離れず、アパートのベッドで眠れない夜を過ごしていた。

すぐ横には妻の奈美恵が、僕の腕枕の中で寝息を立てていた。彼女は、経営コンサルタントの事業で失敗した、甲斐性なしの僕と結婚したおかげで、独身時代に溜めた貯金をすべて失っていた。

それでも、文句を言わずに支えてくれる彼女の存在がなければ、僕は本当に自殺していたかもしれない。

「ウキウキたまご」のこと、本当にどうしようか？　これは、どうにも無理な課題に思えてならなかった。家を買ってくれたユーザーさんから、さらに入会金を頂こうなんてどうかしているよ。

入会金が無料なら分かるけれど、ユーザーのみなさんは、家を建てるのに2000万円とか3000万円のローンを組んで毎日の生活費を切り詰めながら暮らしている。そこへ、「ウキウキたまごの会」なんて話をしたら何を言われるか、考えただけでも恐ろしかった。

それに、北京のワールドカップに10億円って話が大きすぎてよく分からない。1週間が期限って言っていたけれど、本当に大丈夫なんだろうか？

確かに、有名な住宅・建設企業のほとんどすべてが、中国進出をあきらめて撤退していく中、ウキウキヒーローズだけが、日本でただ1社事業参加できたら、すごいことになると思う。

けれども、1週間で10億なんて、やっぱりとても考えられない。僕だったら50万円ですら集められる自信も出てこない。

待てよ、それとももしかしたら、じゅん子社長は無茶苦茶言って僕をリストラしたいのだろうか……。それならそうとストレートに言ってくれたらいいのに。

「どうせ、俺なんて……」と、また暗い考えが胸に広がっていった。

でも、これからリストラする人間に涙を見せてくれるだろうか。いや、そんなことはないはず。単純な考えかもしれないけれど、一度は落ちるところまで落ちたんだ。

よし、どうせウキウキヒーローズをクビになったら、僕が行く所なんてどこにもないんだし、借金返済のために、マグロ船とかタコ部屋に行くこと考えたらまだ我慢できる。よし、あともう少しだけ頑張ってみよう。

ちなみに、マグロ船って先輩が後輩の気に入らないやつを夜中に海に突き落としたりするらしい。海の上だと証拠もないし完全犯罪だ。夜の太平洋で一人サメの餌になるのを想像すると、これは頑張るしかないな、と思った。

でも、正直、自信ない。どうすりゃいいの、神様？

そんなことを一人で考えたら、すでに夜中の2時になっていた。

じゅん子社長からは、ユーザーさんから2万円、企業さんから5万円、一般の方からは1万円を集めろと指示が出ていた。

「ウキウキたまごの会の入会金に2万円下さい、お金下さい」

なんて言えないよ。それに、「良いよ」言ってくれる訳がない。でも、半年ぐらいかけて楽しくてメリットのある会の構想を立てて、参加者を募っていけばなんとかなるだろうか……。

不安ばかりが心を暗くしていく夜だった。僕は、**横で寝息を立てている奈美恵をギュッと抱きしめて、「こんなことぐらいで負けないぞ!」と、強がってみた。**

しかし、翌日の夕方、また大変なことが起こったのだ。

会社でデスクワークをしていると、じゅんこ社長が帰ってきた。工事部の現場監督がミスをしたお詫びにお客様の所に出かけていたのだ。見るからにイライラとしていて誰も目を合わせようとしない。

こんな時のじゅんこ社長は、正直、かなり怖い。さすが、元暴走族のリーダーだったことはある。このタイミングで「ウキウキたまごの会」の件が進んでいないことを見透かれるとマズイ。このまま通り過ぎてくれ。まだ、何も進んでいないんだよ。

ところが、じゅん子社長はニヤリと笑うと僕の真後ろに立ち止まり「**中山、ウキウキたまごの会の件、今月中にやっとけよ**」と、太いかすれ声で耳打ちして自分の席に歩いて行った。やはり、彼女にはすべてを見透かされていたのだ。

「え〜今月中？」 さあ、このシチュエーション。どうすりゃいいの、このまま荷物をまとめて帰ろうかな？ 僕にはもう無理だ。

でも、辞めて帰ったら奈美恵に合わせる顔がない。どうしよう、今月中というとあと3週間しかない。3週間でウキウキたまごの会に1000万円集めなければ、どっちみち、僕はもう、終わりだ。ここで諦めても、結果がだめでも。

でも、やっぱり無理！

じゅん子社長に「ウキウキたまごの会の件、今月中にやっておけよ」と言われて、僕は放心状態のまま家に帰ってきた。時計を見たら夜の12時30分。夜遅いのはいつものことだ。あれから色々と考えてみたが良い案も浮かばないし、モチベーションもさっぱり上がらない。

「おかえり、どうしたの？　また、じゅん子社長に何か言われたの？」

玄関の扉の音に目を覚ました奈美恵が、目をこすりながら起きてきてくれた。狭いアパートだから音も筒抜けだ。僕の表情ひとつで彼女には何でもお見通しのようだ。

「じつは……」心配させたくないので、最初は話すつもりはなかったけれど、クビになる可能性も高いので、彼女に「ウキウキたまごで１０００万」の話を思い切って相談してみた。

最後まで話しきらないうちに、彼女は興奮しながら**「そんなの絶対に無理よ！」**と怒ってくれた。その姿を見ていると、なぜか少しだけ心が軽くなった。

そして、**「明日は、お休みでしょ。ジーコ加藤さんに相談してみれば？」**と言ってくれたのだ。

ジーコ加藤氏は、彼女の髪を昔から担当している美容師さんだ。僕と付き合うようになって、美容室へもあまり行けなくなった彼女だが、髪を切る時には、必ず、ジーコさんの**美容室「ファンタジスタ」**を利用していた。

ジーコさんは、日本で最高峰のコンテストでの優勝経験があるのみならず、指導者の側に立ってからは、後輩達の中からも日本一を沢山生み出している**カリスマ美容師**だった。

しかし、僕達夫婦にとっては、何でも相談できる優しいおじさんで、僕達の貧乏結婚式にまで顔を出してくれるほど、人とのご縁を大切にする人でもあり人生の師匠的存在だ。

「え、本当？ 奈美恵さんじゃなく、中山君が髪を切りたいの？ ありがとう、めずらしいね」 美容室ファンタジスタに予約電話を入れると、いつもように温かい声でジーコさんは対応してくれた。

ジーコさんが驚いたのには理由がある。実は、僕が波平ハゲ状態で、髪が伸びてもいつもバリカンで済ましてしまうために美容室を利用することがなかったからだ。

「中山く〜ん、どうもどうも。お待ちしていましたよ〜」お店の扉を開くと、**リーゼント頭のジーコさん**が笑顔で僕を迎えてくれた。美容業界の方は、なぜか甘ったるい口調の人が多い。それが、また何ともいえない心地よさがあるんだけれど。

ところで、なぜ、今日はリーゼントなんだろう。髪のツヤやハリ、そして生え際が何となくおかしい。どうみても不自然だ。

ジーコさんは、僕を見つけると大げさにお辞儀をしてくれた。すると、**リーゼントのカツラがポロリと頭から床に落ちたのだ。**思わず僕は噴き出してしまった。何て面白い人だろう。

さらに、深々と頭を下げていたジーコさんが顔を上げると、ころがっていたリーゼントのカツラがビヨーンと床から飛び上がって、今度は前と後ろが反対になって、ジーコさんの頭に納まった。ゴムでカツラを頭にくっつけていたのだ。驚いたことに、**カツラにつないだゴムは頭皮にガムテープで直接貼り付けられていた。**捨て身のギャグだ。

ジーコさんは、カリスマ美容師であるにもかかわらず、**こんなおちゃめなサービ**

ス精神でいつもお客様を喜ばせていた。まさに、カッコいい? ハゲの希望的な存在だ。ハゲも捨てたもんじゃない。

他のスタッフさん達も温かい雰囲気の中で僕を歓迎してくれたので、ハゲの僕が美容室にいくのは場違いのような気持ちにはならなかった。

「悩んでいるんですって? じゅん子さんから聞きましたよ」驚いたことに、ジーコさんは「ウキウキたまごで1000万」の話を知っていた。

彼は、じゅん子社長の髪もずっと担当しており、色々な相談相手にもなっていたのだ。「そうなんですよ。ここだけの話にしてもらいたんですけれど、『ウキウキたまごの会』というのを立ち上げて1000万円集めないといけないんです」

僕は、ジーコさんのアドバイスが聞きたくて真剣だった。

ソクラテスのメモ

中山君、予想外のことが次々と起きて大変そうですね。見ていて胸が痛みます。しかし、人生には波風がつきもの。逆風の中を、あるいは立ちはだかる壁に向かって、あえて進んでいく時にしか得られないもの見つけて欲しいですね。ガンバレ、中山君。**勇気を持つことも、行列のできる会社にはとても大切な要素です。**

❹「飛んでいる飛行機からパラシュートなしで飛び降りるなんて無理です！」

～ウキウキの第一法則

妻の奈美恵のアドバイスで美容室ファンタジスタを訪ねた僕に、ジーコ加藤さんは、とても親切に対応してくれた。そして、

「この難局を乗り切るには、ウキウキの第一法則と第二法則をマスターするしかないね」

と言ったかと思うと**「あとはお願いね」**と言い残し、スタッフさん達にお店を任せ、僕達は、作戦会議のために居酒屋に場所を移すことになった。

ウキウキの第一法則と第二法則と聞いて、僕の頭は「？」で一杯になったが、ここはジーコさんに任せるしかない。

きっと、何か参考になることを教えてくれるはずだ。

あと、最初にかぶっていた**リーゼントのかつらをジーコさんはどうするんだろう**と、気になっていたが、お店を出る時には、やっぱり羽のついたおしゃれな帽子にチェンジしていた。いつものジーコさんは、羽のついたおしゃれな帽子がトレードマークになっているのだ。

それから僕達は、居酒屋から始まり、結局、5軒もはしごして朝まで飲み明かした。ウキウキ法則なるものを僕に教えてくれたのは、最後に訪れたカラオケボックスでのことだった。

結構飲んではいたけれど、僕は酔えなかった。ウキウキの法則とやらをマスターするかどうかに、僕が会社をクビになるかどうか、そして、僕達夫婦の幸せがかかっていたからだ。5軒もはしごして、財布の中身も空っぽだ。

ジーコさんによると、ウキウキの第一法則は、心の状態を説明するものだという。

「ウキウキは、ワクワク、ドキドキ、ムリムリの一番上にある理想的な状態で、ウキウキしている人は、仕事でも恋愛でも最高のパフォーマンスを発揮するし、お取引はいつも最高の結果をもたらす」

この何ともアバウトな法則が、ジーコさんおすすめのウキウキの法則だった。あちゃー、僕は頭が痛くなってきた。

意外な展開に唖然としている僕に構うことなく、ジーコさんは真っ赤な顔で説明を続けた。

「中山くん、例えば**お正月にお年玉をもらう**でしょ？ それから、**好きな女の子と一緒に過ごせる時間**とか、あと**お給料日**とか、貯めたお金で買った**新しい服を着る時**、そういう時には、**人ってウキウキすると思うんだよね。**

❹「飛んでいる飛行機からパラシュートなしで飛び降りるなんて無理です！」

そんな時は、**どう転んでも損しないし確実に良いことしか起こらないと思うから、人はウキウキするんだよ。幸せの予感度を数字で表現すれば、＋100から無限大かな**」

あ、意外に分かりやすいかも。なるほど、ジーコさん、面白い説明をするな。

「次に、ワクワクだけれど、**ワクワクしている時の幸せの予感度は、ゼロから＋100なんだ。**これから何か楽しいことや、今までにないことが始まる。退屈なことが変わりだすかもしれないという予感だよ。もしかしたら、何も得られないかもしれない。でも、そんなの関係無いっていう状態さ。失うものは何もないんだから。

例えば、部活で弱小チームが、予想外に決勝大会に進出できたような場合の気持ちだったり、挑戦すること自体に価値がある時にワクワクしてこないかい？」

フムフム、さすがにジーコさんは教育者ということもあって話が面白い。これは、もしかしたら何とかなるかもしれない。

「よし、次にいくよ。**ドキドキは幸せの予感度＋100とマイナス100のどちらかなのさ。**アウトかセーフ、天国と地獄、天使か悪魔かという時のこと。たとえば、男性が女性に告白する時、OKなら良いけれど、NOなら最悪でしょ？　ドキドキするよね。「友達でいよう」なんて言われると余計に嫌だって思ったりしてね。

それから、試験や採用の合格発表の時。落ちるか、受かるか？　会社の経営が悪くなってきた。お給料がもらえるか、もらえないか？　会社が無くなるのか、大丈夫なのか？　つまり、これから天国か、地獄か？　のどちらかに決まるという状態で感じるのがドキドキさ。

そして、最後はムリムリ。
これは幸せの予感度**マイナス100しかないでしょ！**という状態。絶対に売れそうにないものを売れといわれたらどう思う？「ムリ」でしょ。

つまり、できないことや、まったく嬉しくないことや嫌なことを押し付けられた時がムリムリ。パラシュートなしで、飛んでいる飛行機から飛び降りろって言われたら、やっぱり「ムリ」だよね。

美容師に例えると、技術が下手で、愛想が悪くて、上から口調で、自分のことばっかりしゃべって、何回通っても自分のことを覚えてくれなくて、頼んでもいないのに好き勝手なスタイルを押し付けてくるような美容師はどう思う？

絶対に無理だよね。でも、こんな美容師は、その辺に結構沢山いるんだよ。
みんな、売れていなくて困っているけれどね。

ウキウキたまごで1000万のお話も、実は、この自分勝手な美容師の所に髪を切りに行くのと変わらないかもしれない。だって、何にも素敵なことが待っている予感がしないでしょ？　だから、中山くん自身もムリムリ！って、思っているんだよね。

それを、ドキドキ、ワクワク、ウキウキとステップアップするにはどうすればいいかを考えていけばいいんだよ」と、ジーコさんは説明してくれた。

確かにそのとおりだ。僕は、思わず「なるほどおー！」と、うなずいてしまった。

「じゃあ、今、ムリムリな美容師を考えてみたから、今度は、順番にドキドキ、ワクワク、ウキウキな美容師を考えてみよう。

例えば、センスはいいけれど、気分屋で、技術も接客も良い時と悪い時の落差が激しすぎる美容師はどうだい？　いい時には神がかった技術で天使のような技術と接客をしてくれるんだけれど、悪い時には切り裂きジャックのような悪魔の美容師になってしまうのさ」

「それは、ドキドキですよね！」と僕は答えた。実際、僕にはジャックに切られる程の髪もないのだが。それでも、美容師に限らず、浮き沈みが激しいムラのある人には安心して心を開くことができない。

「そこで、この**マイナスの部分をゼロにすると、どうなると思う？**」

「**はい！　ワクワク状態です**」と僕が答えると、ジーコさんは「そのとおり！」とニッコリ笑って褒めてくれた。ジーコさんは、本当に褒め上手だ。

「例えば、中山くんが自分がぜんぜんモテないことに悩んでいるとする。そこに、どんなに顔や髪質に自信がなくても、たちまちモテモテに変身させてくれると噂の美容師が髪を切ってくれることになったらどんな気がする？　これ、結構ワクワクするでしょ。一生続くかもしれないと思っていた彼女いない歴がついにストップするかもしれない訳だからね。
あとは、いつも何か予想以上のことをしてくれる美容師とか、恋愛相談や人生相談がとっても上手な美容師。あと、その人に担当してもらったら、必ず夢が叶うという噂の美容師っていうのも、どうだろう？」

「ワクワクします！」
そうか、あらかじめマイナスの要素がないことが伝わることで、相手から不安感を取り去ることができるんだ。これで正しのかを聞いてみると、ジーコさんは、ニッコリ笑ってうなづいてくれた。

何かすごいことや楽しいことがこれから始まるかもしれないと思う時、人はワクワクしてくるんだ！　僕はすっかり楽しくなってきた。今のこの気持ちがまさにワクワクだ。幸せの予感度は、確かにゼロから＋１００になっている！

「それじゃあ、中山くんにとってウキウキする美容師さんっ

て、どんな人だい？」

さあ、これが一番大事なところだ。**ウキウキはどう転んでも良いことしか起こらない状態**だから……。少し考えてみると、僕の頭にはすぐにジーコさんの顔が浮かんだ。美容師さんなら、ジーコさん以外ありえない。

何で、そう思うんだろう？　奈美恵からいつも言い聞かされているからだ。彼女は完全にジーコさんを信頼している。そこで、いつも彼女が僕に話してくれることを、思いつくまま並べてみた。僕はしばらく言葉を探してから、

「自分のことを一番良く理解してくれて、どこか調子が悪い時には忙しくても親身に心配してくれて、押し付けがましくなく、色んなことに相談に乗ってくれて、元気をくれて、楽しくて。そして、いつも真剣に仕事をしていて、自分でも気づかなかった魅力をたくさん引き出してくれる美容師さん、かな？」と、言ってみた。すると、

「それ、最高の美容師さんですよ」と、ジーコさんが少し興奮しながら褒めてくれた。

その姿からは、まったく自分のことだと思っていないのが分かったので「奈美恵がいつもジーコさんのことを言っているのを並べただけですけれど」と僕は伝えた。すると、

「ウソでしょ？　本当ですか！　うわー、ありがとうございます」と、目を丸くしながらジーコさんは驚いていた。その姿は、なぜか少し可愛らしかった。何て心が綺麗な人なんだろう。

そうだ、ウキウキたまごも「これから何かが始まるかもしれない、変わるかもしれない」と思ってもらえると、ワクワク状態になるし「**自分のために、これからとっても素敵なことが始まろうとしている。それも、確実に**」と

なったら**ウキウキ状態だ**。

そうか、そういうことだったんだ！　何だかウキウキしてきた。今は、幸せの予感度＋100になっているよ。

ソクラテスのメモ

ウキウキの第一法則
～人の心の状態とパフォーマンスを説明する法則

ウキウキは、ワクワク、ドキドキ、ムリムリの一番上にある理想的な状態で、ウキウキしている人は、仕事でも恋愛でも最高のパフォーマンスを発揮し、お取引はいつも最高の結果をもたらす。

ウキウキの第1法則

パフォーマンス	お取引		事例	気持ち
・ニコニコ笑顔 ・いつも頑張れる ・いつも信じられる ・優しくできる ・真剣になれる	・契約成立 ・ファン ・口コミ ・ご紹介 ・必ずリピート	ウキウキ +100〜 無限大	・お年玉・お給料日 ・恋人とデート ・自分だけの魅力を引出してくれる ・優しい美容師	・確実に ・良い事 ・楽しい事 ・素敵な事しか起こらない
		↑		
・あんまり余裕なし ・1回は頑張る ・1回は信じる	・1回はお試し ・たまに紹介 ・リピートは少ない	ワクワク 0〜+100	・どんなに髪と顔に自信がなくてもモテモテに変身させてくれると噂の美容師	・これからすごい事が始まるかも。 ・何かが変わるかも!
		↑		
・完全に余裕なし ・仕事が手につかない	・どうしても避けて通れない時や、ゲーム娯楽	ドキドキ −100 or +100	・好きな人に告白 ・試験や採用の結果発表 ・良い時と悪い時が極端に違う美容師	・天国か地獄 ・イチかバチか
		↑		
・怒った顔 ・許せない ・信じられない	・確実な見返りがある時には仕方なく。 ・あとは取引不成立	ムリムリ −100	・パラシュートなしで飛行機から飛び降りる ・身勝手な美容師 ・押付けばかりの上司 ・喚きちらす女房	・まったく嬉しくない ・楽しくない ・嫌だ

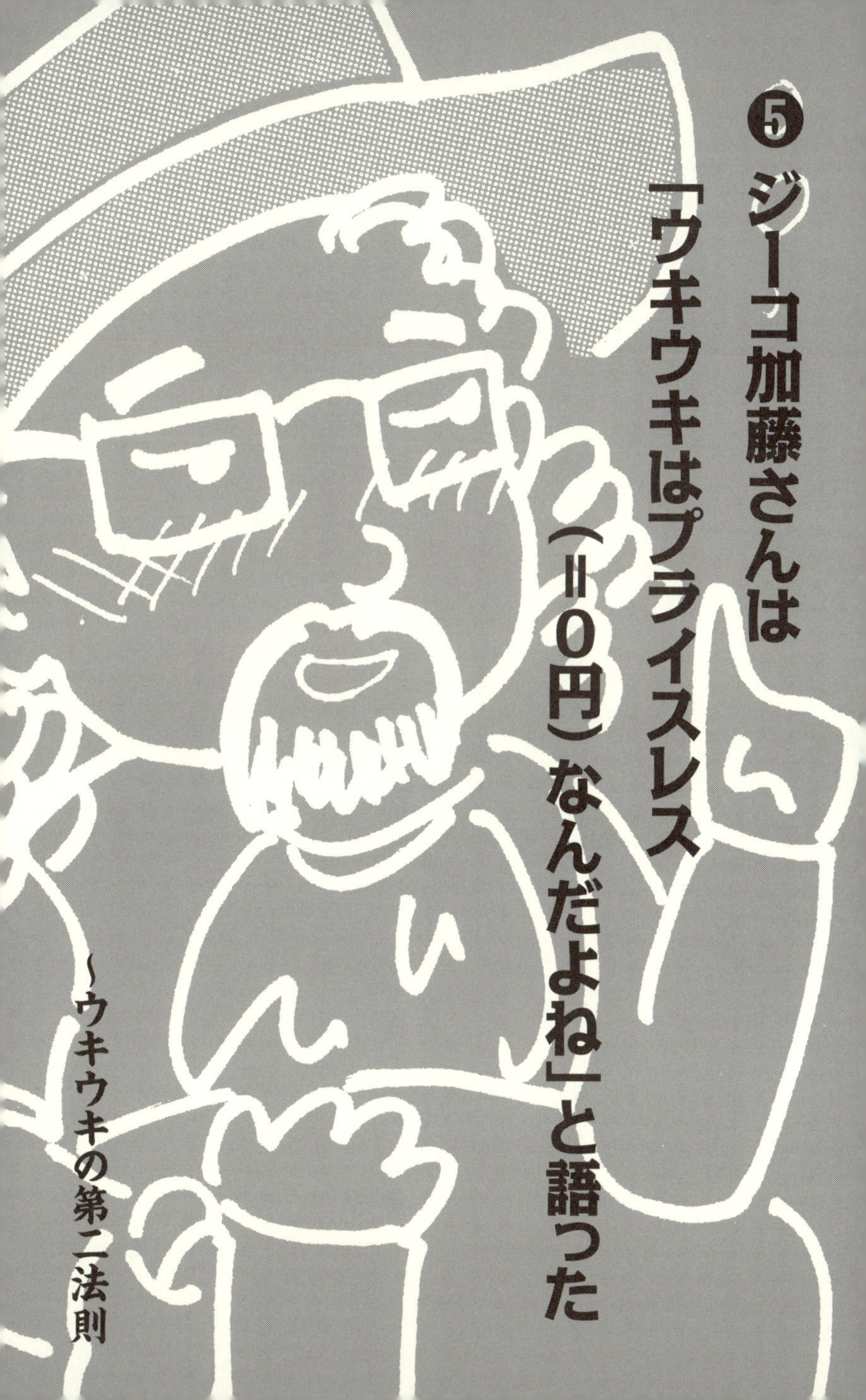

⑤ ジーコ加藤さんは「ウキウキはプライスレス（＝0円）なんだよね」と語った

〜ウキウキの第二法則

さらに、ジーコさんは

「ここまでは大丈夫？　さて、それでは、ウキウキの第二法則を説明するね。第二法則は、人の心やビジネスでのお取引がドキドキやムリムリから、ワクワク、ウキウキになるための法則だよ。

『ウキウキの第二法則＝人は不安、疑問、負担を感じない状態で、今までにない、自分のための素敵な体験を予感する時、ウキウキとした気持ちが止まらなくなる』

僕の知る限り、**行列のできる商売には、必ずウキウキの法則が成立しているんだ。**だから、中山くんもウキウキをマスターしたらすごいことになるよ」

そう言われると、僕はがぜん興奮してきた。よし、思いっきりウキウキしちゃうぞ！　ジーコさんは、そば焼酎の梅割をグイっと飲み干しながら僕のノートにメモを書いてくれた。僕は、それを見つめながら、店員さんにお代わりを注文した。

そして、メモを書き終えると、ウキウキの第二法則の説明が始まった。さあ、これが僕の運命を変えてくれるのだ。ばっちりマスターしてやるぞ。

「**不安**には、ビジネスの相手とのお取引で、

○本当に満足できるだろうか？
○トラブルは起こらないだろうか？
○こちらの意図を汲んでもらえるだろうか？
○何か、押し売りされはしないだろうか？
○お金を払ったとたんに態度が変わったりしないだろうか？

望んだものでなかったら、いつでも辞めることができるだろうか？
このような要素があると思うんだ。これは僕達がお店で買い物をしたり、サービスを受けたり、あと、会社と会社の間の取引でも同じことだよ。

その取引から不安を取り除くには、どうするか？ 例えば、うちの美容室（ファンタジスタ）を選んでくれるお客様には、髪を触る前に、料金と施術時間をご説明させてもらっているんだ。普通の美容室はあんまりやらないんだけれどね。でも、そうすることで、お客様に美容室にいる時間を不安なく楽しく過ごしてもらえるんだよ。
お客様も、お金がいくらかかるか、いつ終わるか、最後まで分からないと落ち着かないでしょ？」

確かに、値段が分からないおすし屋さんや、初めて入った場末のスナックでは楽しめない。そして、結果として安かったとしても、なぜか満足はしない。いくらになるんだろうというドキドキ感がそうさせるのだろうか？

「次に、**疑問**には、その相手や会社に対して

○どうして私に声をかけて接近してきたのだろうか？
○どうして、この人はこの仕事をしているのだろうか？
○口や態度とは裏腹に、
　本当は、お金のことしか考えていないんじゃないだろうか？
○本当に自分にとってプラスのものになるんだろうか？

というようなことが考えられるね。

　嫌々仕事をしている人や、お金のことしか頭にない人には、小さなことでも心配で任せられないでしょ？　僕はスタッフを採用する時、美容の仕事が好きで好きでたまらなくて、美容という仕事をもっと輝かせたいという人しかファンタジスタには入店してもらわないようにしているんだ。

これも永年スタッフの教育で苦しんだからこそ、分かったことなんだよ」

なるほど。あの明るくて素敵なファンタジスタのスタッフさん達にはそんな秘密があったんだ。

「ところで、**負担**には、

○面白くない話をきくこと、
○相手の気分を害さないように気を使うこと、
○大切なお金や時間を無意味なことに使うこと、
○嫌だなって思うことを我慢したり、求めていた何かを諦めたりすること

などがあるね。

頼んでもないのに押し売りをしてきたり、自分の気持ちに気づいてくれない人といると、すごく疲れない？」

即座に、僕の頭には、ウキウキヒーローズの事務を担当している遠藤保子の顔が頭に浮かんだ。

彼女は、元々じゅん子社長の同級生っていうことらしいが、いっつも、一日中、根も葉もない誰かの噂話をしている。人と話している時の愛想笑いに騙されてはいけない。裏では「エロ山」と僕のことを呼んでいるんだ。このままでは済まさないぞ。そう、思いながら再びジーコさんの話に集中した。

「こういう不安、疑問、負担が全部なくなった状態で、自分のために、今までにない素敵な何かが今すぐそこに待っているというのがウキウキさ。

さっきと同じ例えだけれど、子どものころを思い出してごらん。お年玉をもらうお正月の朝や、クリスマスイブ、お誕生日なんかはウキウキしなかったかい？　あと、学生時代になると、好きで好きでたまらない彼女と、二人っきりで過ごす時間とか？」

ジーコさんは、ウキウキ法則の話をとても楽しそうに紹介してくれていた。

お年玉か……子どもの頃は良かったなあ。そして、僕はサッカーに夢中だった時代を思い出した。新しいユニフォームに腕を通したり、新品のスパイクを履いた時には自分が世界一の選手になって活躍することを想像したりしたもんだ。確かにウキウキした。

そして、ドキドキしながら告白して、生まれて初めて彼女ができた時の気持ち。あれも、ウキウキした。毎日、用事もないのに走って彼女に会いに行ったりして。

ジーコさんはニッコリ笑って話を続けた。

「さっき、いくつかのタイプの美容師を例にとって話をしたけれど、結局、**人は「不安」「疑問」「負担」「今までにない素敵な体験」「自分のために」の5つの要素で、ウキウキ、ワクワク、ドキドキ、ムリムリの間を行ったり来たりしているんだ。これが、ウキウキの第二法則なんだよ。**

だから、人に何かを提案する時には、ムリムリの要素である不安、疑問、負担を少なくして、ウキウキ向上の要素である、**今までにない素敵な体験が、自分のために**という、この構成で企画してみることがとても大切だと思うよ。

ウキウキはプライスレス（＝０円）。お金じゃ買えないのさ」

何か、酔いも手伝って話が大きくなってきたよ。しかし、話はそれから、更に大きくなっていった。ジーコさんは、ウルウルした目で宙を見つめ

「人生はウキウキするためにあると僕は思うんだ。何が起きても自分の人生を楽しくする素敵な冒険さ。本当の意味で世界でただ一つのプレゼントなんだよ。

だからこそ、お金では買えない何かに、人間の魂は揺さぶられるんじゃないかな。そこに、ウキウキたまごの会の成功の鍵も隠されていると思うよ。

中山くんも、きっと、お金じゃ買えないことの方が大切な思い出になっているんじゃないかな？」と語った。

確かにそうだ。**お金じゃ買えないことがどれだけあるかが本当の人生なのかもしれない。チャンスがあるだけでもウキウキなんだ。**人生は自分のために用意された冒険なんだから。

ジーコさんと居酒屋を出た時、外はすっかり明るくなっていた。僕は夜明けのススキノから徒歩で家路に着いた。道端では、店閉まいを終えてこれから家路に着くホステスがファーッと大きなあくびをしていた。彼女の人生はウキウキなんだろうか？

さあ、じゅんこ社長の言っていた期限まであと2週間。目標1000万。現在の達成額、20万円。まだまだだ。このままでは到底終われないよ。よし、ウキウキたまごも頑張っていこう。

僕は、夜明けの道を歩きながら、どうしたらウキウキたまごの会を盛り上げることができるかを考えていた。そして、基本コンセプトとして**「日本一の女性住宅営業マンが、関わったみんなの夢を叶えるために心の底からの勇気と希望を届ける会」**というのを元に、残りの期間を突っ走るのはどうだろうと思った。

幸い、ビジネスをしている友人・知人が多かったので、じゅん子社長を口説いて、入会者限定の、プライベート営業力向上セミナーを無料で開催してもらうことを約束してもらい、話をしてみると喜んでサインしてくれる人が沢山いた。

営業力に不安がある人にとって、じゅん子社長の爆発的な営業力の秘密を本人に直接指導をしてもらえるなら、この入会金なんて安いものだろうと思った。これこそ、自分のための今までにない素敵な体験だ。

これ以外に、何をする会なのかが分からないドキドキ感をやわらげるために、初年度の事業計画も作成した。入会者のみなさんの夢が膨らみ、その一方で家も売れて行くようなイベントを、1年間で4回開催することにした。

これに加えて、満足保証、返金制度はもちろん、じゅん子社長が**「どうしてウキウキヒーローズにかかわる人達の夢を応援しようと思ったか?」**を、ちゃんと説明できるように準備をした。**不安、疑問、負担もこれで大分解消されるだろう。**

あと、誰にも言わなかったが、僕を通じて入会してくれた方には、**個人的にどんなことをしても後悔させないぞ、と心に誓った。**

「思いが深ければ、必ず、道は開ける」残されたことは行動することだけだ。僕は、それから朝も晩もなく仕事に明け暮れた日々を過ごした。

北京ワールドカップの10億円の話はすっかり忘れてしまっていた。

ソクラテスのメモ

ウキウキの第二法則
～ビジネスや人間関係で成功するための根本法則

「人は不安、疑問、負担を感じない状態で、今までにない、自分のための素敵な体験を予感する時、ウキウキとした気持ちが止まらなくなる」

ウキウキの第2法則

「人は不安、疑問、負担を感じない状態で、
今までにない、自分のための素敵な体験を予感する時、
ウキウキとした気持ちが止まらなくなる」

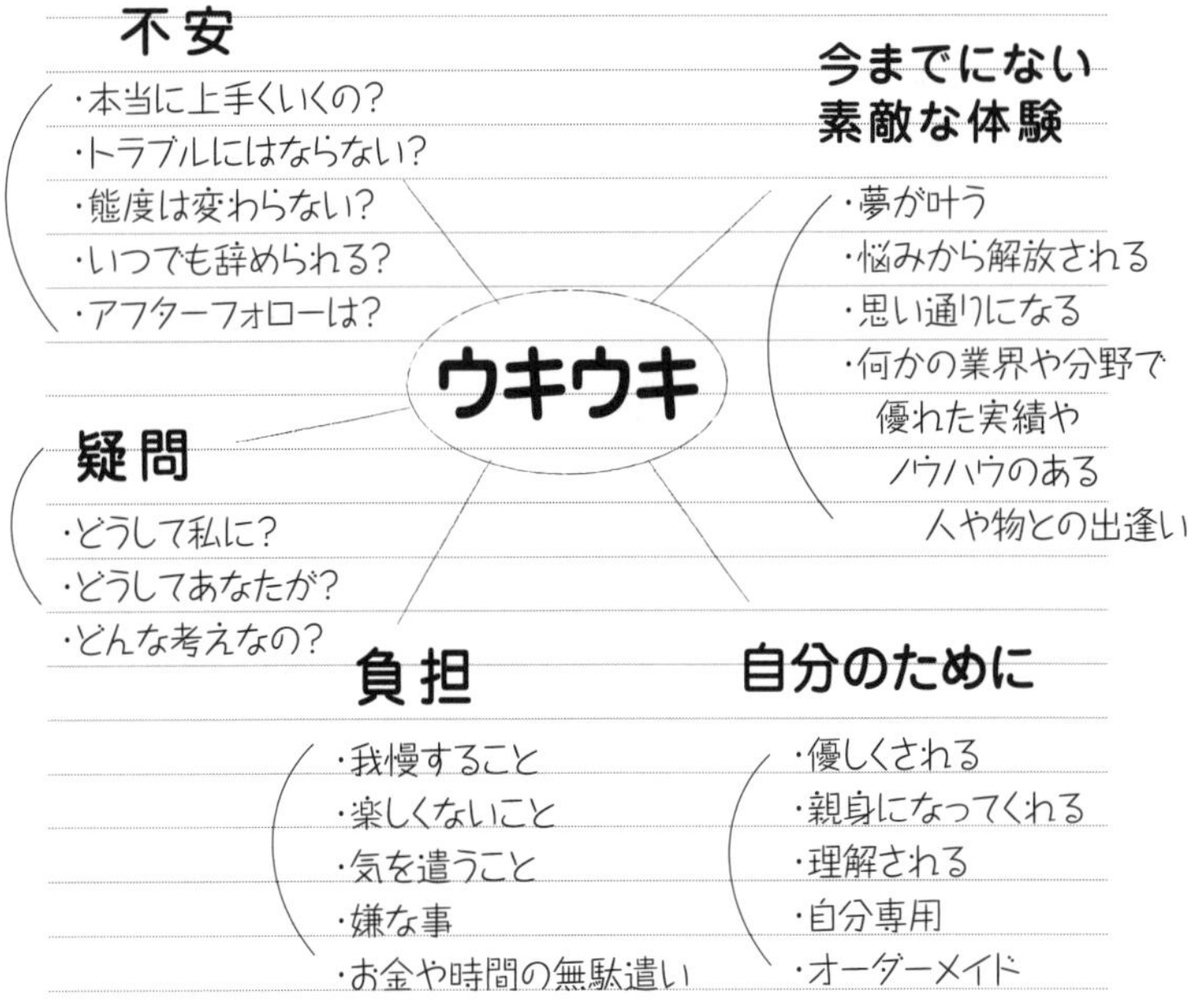

❻ バカ、4人で40万だよ。お金は使わないと腐るんだ。

～心の底からの本気の決心ができたなら、その時点で51％は成功している。

あれからの2週間は瞬く間に過ぎて行った。

そして、ウキウキたまご大作戦が期限を迎えた時、250組の関係者やユーザーさんが「ウキウキたまごの会」の会員になってくれていた。入会金の合計は約800万円だった。1000万円には及ばなかったが、この結果には関係した僕自身が驚いていたし、個人的には満足していた。スタートした時には50万円すら集まるかどうか自信がなかったのだ。

この程度のことは、人さまに自慢できるようなことでも何でもないが、自分自身、腹の底から誇りに思えるような戦いができたのは、人生でこれが初めてだった気がする。

それは、1000万円というお金のためではなく、ご縁のある方と心からウキウキできることのために挑戦ができたからだった。

どうしてこんなことが出来たのだろう？

それは、じゅん子社長やジーコさんと出逢えたことは、もちろんだが、初めて、とことんチャレンジすると心に決めることが出来たからかもしれない。じゅん子社長は**「心の底から本気の決心ができたなら、もう、51％は成功している」**と言っていた。言われてみればその通りだ。

そして、気がついてみると、僕は社内で実績1位になっていた。おかげで「ウキウキたまごの会」の責任者をすることとなり、さらには当初予定に無かった「ウキウキたまごスタンドアップパーティー」を企画することになってしまった。

「会員から100組以上を集客して、最高に元気が出てウキウキするパーティを開け」というのが今回の新たな指令だった。

「またもや会費を集めることになるのだろうか？　そんなの嫌だよ」と、ドキドキしたが、これはすべてご招待ということになった。

ところが、ホッとしたのもつかの間、「100組以上が最高に元気が出てウキウキするパーティー？」ということで、またしても、じゅん子社長からのムリムリ指令に、キリキリまいの毎日を過ごすことになってしまったのだ。

しかし、今思えば、あの後先何も考えないで必死になっていた時に、僕は少しずつ変わり始めていたのかもしれない。何だかんだいって、パーティーには140組もの方が集まってくれて楽しく開催することができてしまったのだ。

スタンドアップパーティーの夜、会場からすべてのお客様を送り出し、あとは帰るだけという状態で内輪の2次会会場に着いた時には僕が最後だった。そして、扉を開けると、ウキウキヒーローズのスタッフみんなが乾杯を待っていて、僕を拍手で迎えてくれたのだった。すっかり先にみんな盛り上がっているものと思っていたのでびっくりしてしまった。

「やったじゃんエロ山！」
「これで調子にのってエッチしてたら、またハゲるよ！」
「頑張ったなエロガッパ！」

「エロガッパ！　って、ちょっと待って。それ、初耳だよ！」また、きっと遠藤さんが広めたんだよ。ちくしょう、いつか汚名を返上してやる。

エロガッパはともかく、それ以外にも、祝福の言葉をたくさんかけてもらった。みんな、じゅん子社長の暴走ともいえる突っ走りには内心不安だったのだろう。何しろ、「ウキウキたまごの会で1000万円」や、「最高に元気でウキウキするスタンドアップパーティーに100組以上を集客」などと、未経験で常識的には無理と思えるようなことが、有無を言わさずどんどん押し付けられてしまうのだ。

その緊張が解けたせいか、みんなとても良い顔をしていた。今回のプロジェクトが何とか、ギリギリ成功と呼べる形で無事に上手く行ったからか、いつもの妙な緊張感も感じられなかった。旧名波工務店のメンバーと、新しく社長としてやってきたじゅん子社長の間の距離が少しだけ縮まったような気がした。

いつにない明るい雰囲気を嬉しく感じながら、僕は、照れくさいけれど、こんなのも悪くないなと思った。

あとは、年間50棟の成約の目標に向けて突っ走るだけだ。

そして、「北京のワールドカップに事業参加するために、中国政府に見せる10億円」の話が上手くいったことも、じゅん子社長の口からその2次会の席で発表された。僕は、どこから10億円なんて大金を調達したのか想像もつかずに、肝っ玉をつぶしたが、じゅん子社長は意外な程あっさりとしていた。

❻バカ４人で40万だよ。お金は使わないと腐るんだ。

スタッフ達は、驚く訳でも祝福する訳でもなく、その時はみんななぜか黙ったままだった。どうして一緒に喜べないんだろう。日本でただ1社、地方の工務店がワールドカップに事業参加するなんて、やっぱり信じられないのか、それとも、じゅん子社長と古い人達との間には、まだまだ、わだかまりが溶けない何かがあるのだろうか……。

とにかく、普通じゃないことがウキウキヒーローズには起こる。

僕の人生にも変化が起こっていた。それを少し考えることができたのは、それから1週間くらい経って、じゅん子社長とグランドホテルで打ち上げパーティーをした帰り道だった。

「中山、メシでも食うか?」ということで、じゅん子社長と僕、あと2人の合計4人でグランドホテルでご飯を食べることになった。あとの2人というのは事務の遠藤さんと、売れない営業マンの奈良橋だった。遠藤さんはじゅん子社長の同級生だ。

奈良橋はどうせ暇だろうということで、ウキウキたまごの会の立ち上げプロジェクトの手伝いをすることになっていた。奈良橋の刈り上げ頭は、ヘルメットのように黒々としていて、なぜ、そんなに髪が濃いのか、僕には不思議でならなかった。

フランス料理というものを食べたのは、僕も奈良橋もその時が初めてだった。奈良橋も僕も、何をやっても上手くいかないことが多いダメ人間だったので、いつの間にか互いにライバル視するようになっていた。奈良橋より下に見られるなんて、僕には我慢できない。でも、それは借金タレの僕には負けたくないと頑張っている奈良橋にとっても同じことだった。

2人とも、最初は、互いを意識して他の3人に自分が初めてフランス料理を食べに来たことがバレないように振舞っていたが、挙動不審な僕達を見てじゅん子社長が色々と教えてくれた。じゅん子社長の言うことなら素直に聞けるから不思議だ。

奈良橋と僕は、スプーンやフォークが沢山並べられる意味も分からなかったし、

焼きたてのパンをたらふくおかわりしていたら、メインディッシュを食べる前にお腹が一杯になっていたのも同じだった。フォアグラのステーキを見て「なんじゃこりゃ?」と目を丸くしていたのは、タイミングまで同じだった。

しかし、その頃にはフランス料理の美味しさに我を忘れてしまって奈良橋のことなんてどうでも良くなっていた。

コンビニやスーパーには置いていないシャンパンを飲むのもこれが初めての体験で、じゅん子社長から「中山、どうだ、これ美味いか?」と言われて、「はい、美味しいです!」と答えてしまったがために、シャンパンが1本追加注文されたのだった。

その時、どれだけお金がかかっていたかというのも、僕はまったく考えていなかった。

遠藤さんは、積極的に話に加わる訳でも無く料理を口に運んでいた。僕のにらむところ、「エロガッパ」の言いだしっぺは99％遠藤さんだ。なぜなら、以前「エロ山」というニックネームをつけられた時にも、遠藤さんの根拠のない陰口から始まっていた、というのがその理由だ。

しかし、じゅん子社長がいる時の遠藤さんは、お得意の愛想笑いで、自分への話題をかわしつつフランス料理を堪能していた。

4人での打ち上げが終わると、じゅん子社長に「中山、ちょっと話がある」と言われて、僕とじゅん子社長の2人だけでもう1軒はしごすることになった。僕は、思わず男と女の話かなと思ってドキドキしてしまった。その時、妻の奈美恵の怒った顔が脳裏に浮かんで、あ、やばい、しっかりしなきゃと変な想像をかき消した。

よく考えてみたら、そんな話がある訳ない。こんなことだから遠藤さんに「エロ」キャラを命名されてしまったのだろうか？

その道すがら「中山、今日のご飯美味かったか？　あれで、いくら位したと思う？」とじゅん子社長が聞いてきた。

「めっちゃ、美味しかったです！　良い経験でした。ありがとうございました。本当にご馳走さまでした。あれだけの料理ですから1人5000円はかかったんじゃないですか？」と、僕は思ったまま答えてじゅん子社長を見たところ、

「アッハッハ！　バカ、4人で40万だよ」と、じゅん子社長は腹を抱えて笑いだした。

1人10万円、4人で40万円の食事！　こんなの人生で初めての経験だ。あごが落ちる程びっくりしてしまった。そして、それを惜しげもなく払ってしまうじゅん子社長、あなたはいったい何者ですか～。そういえば、あの時のシャンパンは1本いくらだったのだろうか？

でも、僕も結構酔っ払っていたので、深く考えることもなく「そうですよねー、ハッハッハ！」と爆笑しながら、じゅん子社長と2人、千鳥足でススキノの街を歩いて行った。

「**お金はさ、使わないと腐るんだよ！ でさ、使ったらまたちゃんと入ってくるんだわ**」じゅん子社長は、酔った勢いもあるのか、それまでには聞いたことがないような持論を、上機嫌で話してくれた。

僕は「お金は使わないと腐るなんて。まさか、そんなこと無いでしょう！」と、思いながらも、「**そうですよね！**」なんて、またもや心にも無いことを言いながら、じゅん子社長の後をついて行った。

腐るほどのお金を持った経験がない僕に、そんなこと分かる訳が無い。借金タレの僕っていったい何なんだろう……。

でも、じゅん子社長と一緒に仕事をしていたら、みじめだった日々とも完全におさらばできるかもしれない。少しは彼女に近づいていけるかもしれない。そんな期待感が、僕の酔いを次第に醒まさせていた。

それにしても、いったい、どんな話があるんだろう……。やっぱり男女の話なんだろうか、その時、僕はちゃんとお断りできるのだろうか？

そして、じゅん子社長に導かれるまま、僕達は、ある飲食ビルの中にある、看板の無い黒い扉のお店に入って行った。

ソクラテスのメモ

中山くんは、心の底からの決心をしたことによって、初めて自分の人生を歩き出したのかもしれません。**自分に対する挑戦をし続けることが、自信を持って生きていくための大切な要素です。**

❼「今、死ぬ気で頑張るって言ったな？ じゃあ、死んでくれ」

～人には簡単に諦められない大切なものがある。

扉を開くと、そこにはハリウッド映画に出てくるような高級感たっぷりのお洒落なクラブだった。店内は黒を基調とした内装に、壁一面の水槽が内側からライトアップされて不思議な雰囲気をかもし出していた。広々としたボックス席では何組かのビジネスマンが静かに話をしている。

僕は、また、どえらい高いお店なんだろうと思ったが、ここまで来たら、もう、引き返す訳にはいかない。行くならとことんでしょ！

ビジネスマンとしては何の実績も無い僕にとって、住宅を年間60棟以上も販売するスーパー女性営業マンとサシで飲めるなんて、こんな貴重な経験は二度と無いかもしれない。

何か一つでも、お客様から次々と契約をもらったり、高い売り上げを上げるコツをつかみたいという気持ちが、胸の奥でズキズキと音を鳴らしていた。奈美恵の誕生日にもろくな物をプレゼントしたことも無い僕は、ヒントになることは一言も聞き漏らすまいと思っていた。

ところが「あ、やばい！」タキシードの似合う紳士に案内されながら、財布には3000円しか入っていなかったことを思い出した。でも、何とかなるさ。

僕達以外には誰もいないカウンターの席に着くと、じゅん子社長は遠くを見つめるような表情になって、唐突に「**中山、本当にありがとうな。無理なことばかり言ったけれど、大丈夫だったか？**」と言ってくれた。

いつにない優しい言葉に、僕は思わず照れくさくなってしまった。何て応えれば良いんだろう。とっさに頭に浮かんだことは、40万円のフランス料理や、ウキウキたまごの会のことだった。どちらも、今までに無い経験で僕はすっかり興奮していたので、「僕のほうこそ、本当にありがとうございます。ぜんぜん大丈夫です」と、真顔をアピールしながら語気を強めて答えた。アピールしたのは何か良いことがあるんじゃないか？　という下心があったからだ。これが、また新たな火種を生むことになるのだが……。

そんなことを知らない僕は、就職できたことで借金生活から抜け出す目処がついた上に、住宅営業日本一の女性社長と一緒に働けるという、この先の未来に、今までに見たことも聞いたことも無い素敵な何かが待っているような気がしていた。今日のこのチャンスで、また、一つでもつかんでやろうと思っていた。

これが、もしかしてジーコさんが言っていたウキウキなんだろうか？　そうだ、**「ウキウキの第一法則と第二法則」**のとおりだ。

女性のバーテンダーが持ってきた焼酎が入ったロックグラスを受け取り、じゅん子社長は、いままでに見たことの無いような優しい表情になった。そして、唐突にびっくりするような話を始めたのだ。

「本当は、ウキウキヒーローズ嫌になっていたんだ。3年前に親父が倒れてさ。それ

で、出来るスタッフがみんな辞めちゃって、会社が危ないからって、私が、戻ってきて1年たったけれど、来た時には、もう、手がつけられないくらいすごいことになっていたんだよね。もう駄目かも」

え、「もう駄目かも」って、僕の借金返済計画も白紙の状態に？ そんな話は初耳だ。

そういえば、じゅん子社長が週に1棟くらいのすごいペースで契約をとってくるから、工事部が工期に追いつかなくてクレームになっているという話は聞いていた。そのクレームの対応も、じゅん子社長がやっているのも知っていたが……。

時々、工事のスタッフ達は、可愛そうな位、じゅん子社長からボロクソに言われていた。あれで萎縮して工事でも余計にミスが増えるような気もしたが、怒る方のじゅん子社長も、なぜか悲しげに見えてしまっていた。人間って、どうしてこうも噛み合わないものなんだろうか？

でも、それだけではないだろう。

「私が名波工務店に戻る1年くらい前（今から2年前）には、銀行から貸し剥がしがあって、リース会社なんかの金利の高い所からお金を借りていたし、腕のいい営業も辞めてしまって売上もたたず、会社のお金も底をついていてね。

身体を壊していた親父は、不自由な体で何度も銀行の支店長にお願いに行ったみたいだけれど、ぜんぜん話にならないのさ。親父もあんな性格だから、すぐにケンカ腰になるんだよね。ある時なんか、支払いを待ってもらうために鉢植えの花を銀行に持って行ったんだよ。

それで**『この花は私達の家族と社員の命です。この花が枯れる時に、私達の命も終わります。だから、絶対に花を枯らさないで下さい』**なんて、そんなことまで言って頑張ったんだけれど、かえって銀行の人達も引いちゃってね。そんなことがあって、それでもどうしようもなくて、親父は老後の資金にも手をつけて残った従業員の給

料を支払っていたのさ。親父は体調が回復すればなんとかなると思っていたみたいだけれど、いつまでも身体の調子も良くならないし、もう、手遅れだったと思う」

「ちょっと待ってください。そんなことがあったんですか？」僕は、そんなことになっていたなんてぜんぜん知らなかった。おそらく、会社のスタッフは誰も知らないはずだ。売れない営業マンの奈良橋や、愛想笑いの遠藤さんの顔が頭に浮かんだ。この2人とも、まだまだ本気になれるはずだ。

「それで、私がマンチェスターハウスで稼いだお金で、足りない分を埋めていたんだよ。けれど、多い月で1000万円も支払が足りないこともあって……。もう、どうしようもなくなって、親父達と相談して名波を潰そうってことになったんだ。

ところが、いよいよ親父からスタッフみんなに廃業を伝えようと決めた日の朝、30年以上前に、初めてうちで家を建ててくれた親父の子ども時代からの親友が、偶然、ひょっこり会社に顔を出してくれたんだよね。

『おい、元気か？　茶でも飲ませろよ』って。

そして、10分くらい親父と世間話をした帰り際、『お前、倒れてから元気ないけれど、何かあったら必ず俺に相談しろよ』って言って、テーブルに茶封筒を置いて行ったのさ。あとで、その茶封筒を開けてみると、中には100万円が入っていたんだって。

親父は涙がでるくらい嬉しかったっていうんだけれど、もらえないしょ？

それで、親父は後を追っかけて返そうとしたんだわ。けれど、その人は、『いつだったか、もう、悪いことは辞めようって決めた時、俺らは、子どもの頃から人に迷惑ばかりかけてきた分、これからは**どんなに小さくても世の中の役に立つヒーローになろうなって約束しただろ、だから絶対に諦めんなよ**』って、結局は受け取ってくれなかったのさ。

それで、私に電話がきたんだよ。『帰ってこられないか？』って。私は、母さんを通じて会社にお金とかは入れていたんだけれど、親父とはずっと仲が悪くて口もきかなかったんだ。その親父から電話がきてさ、人前では絶対に泣かない人だったんだけれど、大泣きしながらその話をしてくれたのさ。

その時には、私もなぜかその話にジーンときちゃったし、名波は親父達が裸一貫からつくった会社だし、その親父の親友で、お客さんっていう人も沢山いたから、本当は潰したくなかったんだよね。私もガキの時には可愛がってもらったし。

でも、頭では絶対に会社を建て直すのは無理って思っていたのさ。私は、ただの営業マンでマネジメントはほとんど経験していなかったしね。あと、何と言っても借金がハンパじゃなかったから。

それで悩んだけれど、最後には『いいや』って。失敗したって、ゼロに落ちるか、マイナスになるのか分からない、でも、だから何なの？って。**命まではとられないんだし。もっと大事なことがあるはずって思ったのさ。**若い時には私も両親に大分心配をかけたからね。**中山は知っていたか？　私が元暴走族の総長だったって？**」

「はい、お噂はかねがね……」今回は正直に言った。遠藤さんから耳にタコが出来るほどその話は聞いていたし、それに、地元でじゅん子社長のことを知らない人はいない。いまだに、数々の伝説が語り継がれているのだ。

「**それに、やる前から負けを認めるのって悔しいじゃん**」とじゅん子社長は、グラスの中の氷を恐い目で見つめながら独り言のようにつぶやいた。

その姿を見て、僕の身体にも電気が走った。そうだ、人には簡単に諦められない大切なものがあるはずだ。ところが次の瞬間、

❼「今、死ぬ気で頑張るって言ったな？じゃあ、死んでくれ」

「でも、もう限界だよ……」

じゅん子社長は唐突に肩を震わせながら、そうつぶやいた。そして、涙がほほをつたってカウンターにポトリと落ちた。

ちょっと待って、限界って……。驚きの展開に、僕の心臓はドキドキと音を立てて波打ちだした。

それは、10億円の時以来に見るじゅん子社長の弱気な姿だった。こんな時、僕は何て言葉をかければいいのだろう。肩でもさすれば恋愛映画のようなシチュエーションだ。椅子を、もうちょっとだけ隣のじゅん子社長に近づけようか？

とたんに、妻の奈美恵の怒った顔が頭に浮かんだ。こんなことで大切な奥さんを悲しませることはできない。僕は、椅子を動かすのを諦めた。そして、

「じゅん子社長、泣かないで下さい。**僕に出来ることだったら、死ぬ気で頑張りますから、何でも言って下さい**」その場は、それが精一杯だった。こんな気休めの言葉ではどうにもならないことは分かっていたのだが……。

「**中山、今、死ぬ気で頑張るって言ったな？　本気か？　嘘でもありがたいよ**」鼻水をすすりながらじゅん子社長が涙声で言った。

「**何言っているんですか？バカにしないで下さい。本気ですよ**」と、僕は思わずムキになってしまった。すると、一呼吸おいて

「**じゃあ、死んでくれ**」とじゅん子社長が言ったのだ。

えー、はあー？　じゃあ、死んでくれってどういうこと？　何なんですか？この、この展開は？　僕は、訳が分からなくなってしまった。腎臓で

も売ってお金をつくれっていうのだろうか。困り果ててじゅん子社長を見ると、唖然としている僕を見てニヤニヤ笑っている。

またもや嫌な予感がしてきた。

ソクラテスのメモ

じゅん子社長も、中山くんも、お世話になった人への友情や恩に応えるためなら自分のことなんてあまり大切ではなくなるようです。実は、これが行列ができる会社づくりにおいては非常に大切な要素になっています。

❽「中山、会社をウキウキにしてくれ」

〜スタッフみんなが自分の可能性を
全部出し切れるような会社を目指す。

あー、またしてもやってしまった。じゅん子社長が深夜のバーで見せた意外な涙。それを見て我を失い、つい興奮して**「死ぬ気で頑張ります」**と口を滑らせてしまった。そんな使命感に燃えた僕に対して、彼女は**「じゃあ、死んでくれ」**という予想外な展開に……。

もしや、はめられたのかも。きっと、そうに違いない。お人好しな僕をマグロ船にでも乗せようというのだろうか。

「え～、今の話は嘘だったんですか～？」僕の興奮は一瞬で吹き飛んでしまっていた。何で、いつもこんな風に振りまわされるのだろうか。訳のわからない展開にすっかり肝をつぶしてしまった。

しかし、その日のじゅん子社長の話は、全部本当だったのだ。

ただ、涙を流して弱気を見せた部分だけは僕を試すつもりは無かったけれど、何となく言ってみたという。そこが分からない。僕にどこまでの覚悟でやる気があるのかを知りたかったというのだ。**会社のことを諦めるつもりも、さらっさらないとのこと。**

世の中の、いわゆる「成功」というものを味わった人達は、みんな彼女のように意地悪なんだろうか。それにしても、まったく！　何ていうお騒がせな人なんだろう。

そして、またもや無理難題の新しい指令が下ったのだ。今度は何だよ～。

「中山、会社をウキウキにしてくれ」

会社をウキウキにするんですか？

じゅん子社長、ごめんなさい、意味分かんないんですけれど！

じゅん子社長によると、親父さんに呼ばれて会社にやって来た当初から、スタッフのことでは上手くいかないことが多く、彼女なりに頑張ってはいるのだが、どうにも手を焼いてしまって行き詰っているというのだ。

「この何を言ってもムリムリという返事しか帰ってこないスタッフ達を、徹底的にウキウキさせて、どんなに大変な状況でも笑顔でチャレンジしていく本当のウキウキヒーローズに変身させたい。

そして、スタッフみんなが自分の可能性を全部出し切れるような会社にすることで、売り込まなくてもお客さんの行列が途切れない会社にしていきたい」のだという。

会社のイメージも、現在の「安くて簡単にできる家」から「こだわり一杯で家族全

員が大満足。でも、お値段はお手ごろで、しかも丈夫でお洒落」という風に変化させていきたい。

じゅん子社長の最終的な理想は「**営業マンのいない、お客様が心から建てたいお家だけを建てる専門家集団の住宅会社になりたい**」ということだった。

確かに、それはすごい話だけれども、そんなに今のメンバーって駄目な人が多いのだろうか？　駄目じゃないかもしれないが、可能性の10分の1も発揮していない人が大半だったのだ。じゅん子社長の話を聞きながら、僕は、どれだけ現状認識が甘かったのかを思い知らされた。

例えば、営業部にはあの奈良橋と、あと5人のメンバーがいるのだが、じゅん子社長以外はほとんど売れていない。そこで、じゅん子社長が何とか営業部を盛り上げようとするのだが、どんなにおだてても、叱っても、自分に関係無いことだと思って、その場だけは分かった顔をするのだが、もちろん実績にはまったくつながらないという。

そこで、ちょっとでも新しいキャンペーンやユーザーさんに頼んでオープンハウスの計画なんかを考えると、とたんにムリムリモードに入ってしまうというのだ。

「今は精神的に余裕がない」「ちゃんと考えるので少し時間が欲しい」だの「プライバシーにもかかわるのでお客様が嫌がる」など……。

さすがのじゅん子社長も嫌気がして、朝起きてベッドから出たくない日も結構あるのだそうだ。

そんな感じだから、ついにはじゅん子社長も切れてしまって、「何であんたらできないの?」「いつになったらできんの?」「あんたの頭の中、どうなってんの⁉」と、髪を逆立てて怒鳴り散らすだけになってしまったそうな。

❽「中山、会社をウキウキにしてくれ」

その様子は僕も見たことがある。確かに迫力満点だが、その後は、いてもたってもいられないような殺伐とした空気だけが残ってしまうのが営業会議のお約束なのだ。

それでも、不思議なことに自分から辞めていく営業マンは少ないという。週1回の、その会議さえやり過ごせば、お給料がもらえると思っているのだろうか……。そう考えると、空恐ろしい感じがした。

中でも、一番頭にくるのは、売れない営業マンの奈良橋だという。会議の間は、ずっと黙ってうつむいていて、問題を話し合う場面でも何も意見を言うことがない。奈良橋が口を開くのは自分の営業報告の番が回ってくる時だけだ。そして、その時のセリフも決まっている。

「このお客さんは本当に大変なんでもうちょっと時間ください、お願いします」

そう言って、契約が取れないまま、いつしか彼からは見込み客がみんな離れていくのだ。同じパターンで何人もの見込み客を駄目にしてきた彼は、さんざん、結果を先延ばしにして周りをヤキモキさせた末、お客さんからＮＯを食らってくるのがお決まりのパターンだった。

「マジっすか？　ひどいっすね。本当に、ちゃんとお客さんと会っているんですかね？」

「どうだろうね。他の社員も奈良橋のことは疑っているみたい」

でも実際には、どうなっているかを調べることもできないのが、じゅん子社長も強く言えないところで、もしかしたら、見込み客にはすぐに見捨てられて、会議を取り繕ってごまかすために、あれやこれや言い訳を考えて延ばしているのかもしれない。

そして、驚いたことに、奈良橋は自力で見込み客を見つける努力はせず、あろうことか、隙あらば他の担当者のお客さんを横取りしようとさえするのだ。契約を取れもしないくせに、何と恐ろしい人間がいるものだろう。

❽「中山、会社をウキウキにしてくれ」

ここ数年の間、そんな彼の販売ペースは何と1年間に1棟未満である。
それでも奈良橋をクビに出来ない深い事情もあるそうで、状況は複雑だ。

一方の工事部には、現場を管理しないで下請けに任せてパチンコに行っている輩もいるし、若手の手柄を横取りした上、自分の地位を守るために能力のあるスタッフを会社から追い出そうとする者もいた。

さらには、会社の備品を家に持ち帰って私物化するスタッフもいたし、総務部長の岡田は、しょっちゅう親戚が死ぬ。そして、翌日真っ黒に日焼けして出社してくるのだ。遠藤さんは、集金業務の途中でゴルフウェアを着た岡田を見たことがあるという。そればかりか、岡田には地位を利用して横領をしているという疑いまで出ていた。

「えー、ひどいっすね。どうにか出来ないんですか。こんな状態なら、若いスタッフがどんどん辞めてもしょうがないですよ」

「だよね。何とかしないといけないよね」

話を聞いていて唖然としてしまった。こんな状態で会社が成り立つのだろうか？　ひどい連中は、根こそぎクビにしてしまうのが早いんじゃないかと思った。さすがの僕も腹が立ってきた。しかし、悲しいことに、良いスタッフはすでに会社を去ってしまっていて、どうにもならないように見える連中でも、いないと会社が回っていかないのだ。

みんな、親父さんやじゅん子さんが、どんな想いで会社を回しているのか分かっているのだろうか？　親父さんが、銀行に持って行った鉢植えの花のことを知っているのだろうか？

もちろん、分かっていないからこうなっているんだろう。会社って、よどんでくるとやる気がある人からいなくなって、どうにもならない人達が、最後まで寄生虫のようにしがみついているのかもしれない。そんなことを思うと、世の中の真実や、人間

の本性を見た気がして、何だか僕は無性に悲しくなってきた。

「会社って大変なんですね。僕に社長は出来そうもありません」

「あたしだって、どうしていいか分かんないよ」

じゅん子社長からこの話を聞いて、会社の中は、どちらを向いても、八方塞りの状態に陥っていることが浮かび上がってきた。旧名波工務店の中で、やる気の無いメンバーばかりが残って設立されたウキウキヒーローズは、じゅん子社長が何を提案してもムリムリ状態。お客様に対する責任感も少なく、クレームややり直しが多く、救いようがない状態だったのだ。

現状では、じゅん子社長が1棟売るごとに何倍ものクレームや問題が発生する。ひどい時には、基礎の高さや窓の位置を間違っていたことが引き渡し後に判明したこともあるという。ところが、それに対する責任感はまったく感じてない。問い詰めても、逆に被害者のような顔をされてしまうのだ。結局は、じゅん子社長が一人で決着をつけているのだった。これならボロボロになってもしょうがないだろう。

資金繰りの状況からは目標棟数は毎月1棟も落とせない。なのに、じゅん子社長は出口の見えないトンネルの中で身動きが取れなくなっていた。冗談抜きで行き詰まりを感じていたのだ。だれ一人として会社に味方がいない。そんな状況の中で会社に転がり込んできたのが僕という訳だった。

「飛んで火にいる夏の虫、ハハハ」そう言って、じゅん子社長は笑った。

「ちなみに、夏の虫ってセミのことですかね？　それともカナブンかな？　頭光っているし」と言って、僕は自分のハゲた頭をなでた。そして、2人して笑った。

さあ、この会社が本当にウキウキヒーローズになることはあるのだろうか？

❽「中山、会社をウキウキにしてくれ」

「分かりました、やらせてください」僕は、まずは真実を知るために、スタッフ達と面談をさせてもらうことにした。そして、スムーズに活動するために、じゅん子社長にお願いして**「ウキウキ担当」**という、一応の名目も頂戴した。

それでも不安なことだらけだ。あーあ、いったい全体、これからどうなることだろう。

僕達がそのクラブを出た時には空はすっかり明るくなっていた。じゅん子社長は「じゃあな、頼むぞ、中山。**死ぬ気でな！**私も頑張るから」と言い残して、ニコニコしながらタクシーをつかまえて帰って行った。

僕は夜明けのススキノに一人取り残されて呆然としていた。ジーコさんと飲んだ時に見たホステスとまたもや偶然すれ違った。彼女は今日も眠たそうにあくびをしていた。

その夜のじゅん子社長との話の中で唯一の救いだったのは、じゅん子社長がマンチェスターハウスから連れてきた設計士のサントスさんだった。

サントスさんは、ブラジル生まれの両親を持つ日系2世で、生まれも育ちも北海道だ。彼は、特別な才能を感じさせる明るい空間を生かした設計で「光の設計士サントス」と呼ばれていた。

住宅雑誌にたびたび登場した彼の作品は全国的にも評判が高かった。僕に対してもいつも明るく挨拶してくれる、優しい50絡みの紳士だ。そして、白髪交じりのソバージュヘアが銀色に見えてとても似合っていた。それにしても、何であんなに髪が濃いんだろう。

よし、**会社をウキウキにするための面談はサントスさんからお願いしよう。**

ソクラテスのメモ

さすがのじゅん子社長も、会社のチームワークをつくっていくことには、大分、苦労しているみたいですね。人に関する問題は、人類の歴史と同じくらいの深みがあります。会社を経営する上でも永遠の課題といえるでしょう。しかし、行列のできる良い会社をつくっていくためには決して避けては通れない道なのです。頑張れ、中山くん。

9「ドント・ウォーリー・ビー・ハッピー」と言われて僕は余計に心配になった

～会社って難しい。でも、何か方法はあるはずだ。

翌朝、僕はさっそく面談を開始することにした。どのように聞けば、みんな心を開いてくれるのだろうか？　頭の悪い僕が色々と難しいことを考えても、いい答えは浮かびそうも無い。まずは、とにかく直球勝負で聞いてみることにした。

質問事項は、ズバリ**「どうしたら、社員もお客さんもウキウキできるでしょうか？」**ならどうだろう、これなら単純だからきっと上手くいくはずだ。

「サントスさん、後でちょっとお話を聞きたいのですが」

「お、中山君か、めずらしいね。もちろんOKだよ」

さあ、サントスさんが1番バッターだ。彼なら、いつも優しく声をかけてくれるので話しがしやすい。僕達は休憩室の喫煙コーナーで話すことになった。

そして、すぐにサントスさんが本当にタバコを沢山吸う人だというのが分かった。何せ、狭いスペースが煙で一杯になるので目にしみて時々涙が出そうになるのだ。

あと、普段は、前髪で見えないのだが、よく見ると瞳が薄い茶色だった。さすが、日系二世。

サントスさんは「どうしたら、会社がウキウキできるでしょうか？」との質問に、次のように答えた。

「感謝だと思う。みんなが感謝する気持ちを持てれば、仕事があることに感謝してお客様を満足させることにチャレンジする雰囲気は自然にできるはずだよ。

僕のおじいちゃんは、中東のレバノンという所で生れたんだ。大きな家族だったけれど、戦争がしょっちゅう起こるので、食べ物も仕事も無くて生活は大変だったらしい。そして、家族を養うために、ブラジルに出稼ぎに行ったひいおじいちゃんを追いかけて、13歳で移民船に乗ったのさ。ポケットには今のお金で500円も無かったらしい。船が港を離れる時には、どんなに不安だったろう。船の中には知り合いもいないし、お金も無い。まだ、ほんの子どもだよ。でも、レバノンにいたら家族みんなが駄目になっちゃうから、おじいちゃんは勇気を持ってチャレンジしたんだ。

それから、おじいちゃんは、靴磨きやら荷物持ちをしながら生きながらえて、ついにはブラジルで、美容室チェーンを展開する事業を起こしたんだ。

おじいちゃんの苦労を思えば、この会社の苦労なんてマンガみたいなものさ。マンガは、必ず最後は正義が勝つじゃない？　だから、みんなももっと前向きに頑張ればいいんだよ」

「すごいおじいちゃんですね。僕も一度会ってみたいです」聞いていて、おかしいやら感心するやら、さすがに両親がラテン系でカトリックだと違うなと思った。忍耐強くて、明るくて、希望がある。話していて、なんだか心が軽くなってきた。

しかし、他のスタッフへのインタビューを進めていくうちに、サントスさんとの落差を思い知ることになった。上にあがって思いっきり落ちた分、ショックも大きくなった。じゅん子社長が自分のお客様の設計をサントスさんにしか任せないのも、他の社員にしたら面白くないようだった。

次に聞いたのは、工事部の川口さんだ。優しそうな人だと思っていたが、じっくり話すのはこれが初めてだったかもしれない。川口さんの経営者批判は痛烈だった。

「親父も昔からそうだったけれど、言うことがその時の感情で変わるからやる気がなくなっちゃうんだよ。仕事より怒らせないことがまずは大事になるんだよね。だから、悪いなと思いつつも、お客さんの言うことを聞いてあげられない状態になっちゃうのさ。正直、麻痺しているところもあると思う。

それから、お客さんを大切にしている口下手な人間より、口が達者な手抜き上手が評価されている。これも昔からぜんぜん変わらない。悪いけど、親父もあの女（じゅん子社長）もバカじゃないかと思う。そっくりだよ。その辺は」

あとは、どこの部署に行っても非難の雨あられ状態だった。

「3年前からお給料が1円も上がっていないんですよ。家族だっているのに。あと、会社がバラバラだから効率が悪くて日曜日、祝日も休めない。もちろん、残業代もつきません。それで、どう頑張れっていうんですか？　3歳の子どもからはおじさんって言われたこともあるんですよ」（設計部）

「たまに現場に顔を見せたら文句ばっかり言うんで、来たら逆に雰囲気が悪くなってミスも増えるんだわ。しまいには『何でいつも怒った顔しているの？』って、この顔は生まれつきなんだよ。あの親子と来たら本当に腹が立つ」（大工）

「会社に入ってから、今は苦しいから頑張れってずっと言い続けられていたんです。でも、仕事は増えても何も良くなりません。部下に何か希望が持てることを言ってあ

げたいですよ」（工事部長）

中でも、遠藤さんの言葉はとても意外なものだった。何と「私だって人間だよ。道具じゃないんだから、心があるんだよ」と言い放ったのだ。いつも、あることないこと適当に話しているだけのおばさんかと思っていたのだが、人が足りないからとか、あなたにしか頼めないとか、尻拭いのような仕事ばかりさせられてきたというのだ。「遠藤さんも大変だったんですね」と、僕は口では言いながらも、まったく自分勝手な人だなと思った。

そして、話せば話すほど、訳が分からなくなってしまった。

サントスさんは、僕がどうしたもんか困り果てて考え込んでいるのを見て**「ドント・ウォーリー・ビー・ハッピー」**と励ましにきてくれたが、会社をウキウキにすることは、1000万円の時以上に大変に思えて、暗い気持ちになってしまった。

じゅん子社長は、そんな僕を見かけるたびに、ニッコリと意味ありげに笑顔を向けてくれた。**「死ぬ気だぞ。分かっているだろうな」**という意味だ。

あー、プレッシャーだな。どうしようか？

僕の権限では、お給料を上げることもお休みを増やすことも出来ない。それに、そんなことが解決になるとも思えなかった。どこに鍵があるのだろうか？　色んなことが、とっても複雑に絡まっているように感じたし、不幸だし、悲しいことだと思った。何かをやればやるほど、事態は複雑で行き詰って行っているようだった。

これならじゅん子社長も大変だろう。

でも、どれだけ考えてみても僕の経験と知識では何も分からないので、夜になってからジーコさんに電話で相談してみた。すると、友達でパン屋さんの社長をしている秋田和男さんという方を紹介するから会ってきたら？　と言ってくれたのだ。

ジーコさんは「**中山君の悩みに答えられるのは、カズさんしかいない。**ちゃんと言っておくから」というので、さっそく、僕はカズさんに会いに行ってみることにした。

そして、内心、実はすごくウキウキしていた。**「移動メロンパン『フラミンゴ』のカズさん」といえば地元で有名な存在で、僕にとっても少年時代からのヒーローだったからだ。**

ソクラテスのメモ

中山くんにとって、ジーコさんのような、親切で実績がある人に気軽に相談できるのは、とても心強いことですね。困難を乗り越えて輝いている先輩や師匠を大切にしましょう。

⑩「ソクラテスのおかげだよ」そう言って、カズさんは目を閉じた

〜あきらめない心が人生をつくっていく。

「あんたが中山くんかい？　俺が秋田だ。はじめまして」

目の前には、角刈りに太っといゴールドのネックレスという、いかついファッションの親父が、サングラスの奥から姿かたちに似合わない優しい眼差しで僕を見つめていた。ここはカズカンパニーが運営する、釜焼きパンのチェーン店「フラミンゴ」の本社社長室だ。

八畳ほどの部屋の中には所狭ましとラテン系のグッズが飾られていて、サンバミュージックがＢＧＭにかけられていた。言うなれば、リオのカーニバルをこの小さな部屋に再現したような空間になっていた。こんな社長室は初めてだ。社長席の背中の壁には、大きな木彫りのオブジェに**「UKI・UKI・NO．1」**と書かれていた。

また、ウキウキだ。ここでもウキウキという言葉が出てきた。**なぜ、僕**

が出逢う人は、みんなウキウキでつながっているんだろう。誰が最初にウキウキを言い出したのだろう。僕はウキウキの一番最初の出所を探ってみたくなった。

そこには、驚きの事実がある予感がするのだが……。

カズカンパニーの運営する、釜焼きパンのお店フラミンゴは、20年ほど前に秋田社長が創業した移動メロンパン屋がスタートだった。僕も子どもの頃からスーパーの駐車場や、学校の校門のところで焼きたてのメロンパンを買って食べたのは、今でも良い思い出になっている。僕の世代以降の札幌の人間で、フラミンゴのメロンパンを知らないのは、はっきり言ってもぐりだろう。

カズさんは、元々サッカー選手だったのだが、これからという時に交通事故で片足を失い、それでもへこたれずにパン屋で起業したのだった。義足であることを隠さず、松葉杖も使わず、**いつも元気に走り回っていたカズさんは、地元ではちょっ**

としたヒーローだった。 時間のある時にはリフティングをして見せてくれたりもするので、フラミンゴの車が行くところにはいつも子ども達が集まっていた。

しかも、時にはエプロンをしたまま子ども達の草サッカーにも飛び入りしたりするので、今思えば本当にスゴイことだと思う。少年時代から高校を卒業するまで、義足のカズさんのステップに、僕は、まったくついていくことが出来なかったくらいだ。

それが、5年ほど前に移動パン屋から釜焼きパンの店に業態を変化させたところ、これが大ヒットして、テレビや新聞でもよく取り上げられ、一時は店舗数も市内10店舗まで増やしていた。ところが、3年ほど前に経営危機に陥り、お店も半分に減ったと聞いていたのだが、今はすっかり立ち直っているようだった。

昨年は、フラミンゴ主催のサンバコンテストがテレビで放映され、カズカンパニーの復活を誰もが喜んでいる様子だった。おじいいちゃん、おばあちゃんから子どもまでフラミンゴファンの参加者が仮装をしてサンバを踊り、踊りの技術、仮装の出来具合、そして笑いを競うという、とても微笑ましいイベントだった。

「あれ、坊主。お前、もしかして……」名刺交換をしながら、カズさんはじっと僕の顔を見つめながら「お前、第二高校にいたガキだろう！」と僕のことを思い出してくれた。


僕は、学生時代、万年補欠のサッカー選手だった。小中高とサッカー部で過ごした僕は、上手くなりたくて、薄暗いグランドでいつも一人居残り練習をしていた。カズさんは、時々誰にも内緒で、そんな僕のコーチ役になってくれていたのだ。

「あの頃は、本当にお世話になりました。ありがとうございました」あらためて、感動がよみがえってきて、僕は思わずカズさんに抱きついてしまった。すっかり太ってしまったカズさんの肩に顔をこすりつけているうちに、涙と鼻水があふれてきた。

結局レギュラーにはなれなかったが、卒業まで頑張れたことは大きな自信になったし、その時の人間関係で、相馬先輩のご縁からウキウキヒーローズに入社することができたのだ。

「ジーコさんから、若いのが一人相談に行くと聞いていたが、まさか、お前だったとはびっくりだよ」カズさんも、思わぬ再会に驚きながら、大きな手の平で僕の肩をバンバンと叩いてくれた。

それから30分くらいは昔話が尽きなかったが、ようやく**「会社をウキウキにする方法なら秋田社長さんが、ぴったりだと伺いまして」**と、我を取り戻して、カズさんに本題を切り出すことができた。

「カズさんでいいよ、水臭いな」といいながら、カズさんは移動パン屋から、釜焼きに業態変化してから一気に店舗数を増やし、そしてその後、経営危機に陥り、再び復活した話を始めてくれた。

「3年くらい前は本当に辛かったよ。調子に乗って店をどんどん増やしたのはいいんだけれど、良かったのは最初の1年だけさ。すぐに真似をする店が出てきて、売り上げが落ち始めたんだよね。それで、店舗設備のリース代金や、人件費、固定費がすごく重くなって、資金繰りがすぐに大変になったんだよ。

売り上げが落ちると、コスト削減っていうことで、店舗に仕入れと人件費の管理をしっかりするように指示を出したんだよね。そうすると、それまで頑張ってくれていたパートさん達の中には、稼ぎが少なくて、働けなくなってしまった人も結構でてきてさ。その時はパートさんのお給料に手をつける以外なくて、『それじゃ生活できません』って泣かれたこともあったよ。パートさんには本当に申し訳なかったな。

途端にどの店も雰囲気が悪くなって、職人も、売り場係もどんどん会社を辞めていくようになった。本当、引き止めるのが大変だったし、疲れちまったね。給料は上げられないから昇進とかを材料にして話すんだけれど、誰も聞いてはくれなかったよ。あと、悲しかったのが、幹部にした連中が何をやるにも反対するのさ。幹部の会議も、いつもイヤーな雰囲気があるんだよ。売り上げを何とかしなきゃいけないし、販路を広げないと会社がもたないから色々言うんだけれど、そんなのムリとか、今は止めたほうがいいとかね。

現場の指導に行けって言っても、ずっとパソコンをしていたりして何も進まないのさ。むかついて机を蹴っ飛ばしたりしたこともあったな。

そして、社員も会社の調子が良かった時には笑顔で明るかったのに、だんだん変わってくるんだよ。経営危機の時には心を閉ざしてしまってね、月に1回は社員全員で会議をするんだけれど、誰も何にも言わないのさ。それならって、面談をしても心が遠い気がしてね。ほら、俺ってラテン系だからクールなのって本当に苦手なのさ」

「そんなことがあったんですか」僕は、思わずため息をついてしまった。カズさんの孤独感や、先の見えない不安感に苦しむ現場の人達を思うと、僕も胸が苦しくなった。

「頑張ってヒット商品を生み出そうとか、サービスを向上しようとか、一人で声を大にして叫ぶんだけれど、誰も反応してくれない。毎月、売上げが前年比をどんどん割り込んでいくんだわ。その時に、こうやって一気に白髪になっちまったんだよ。本当、もう、辞めたいって思ったよ。また、移動パン屋からやり直すかってね」

当時を思い出し、カズさんは目を真っ赤にしながら僕に話してくれた。

あまりにリアルなエピソードが多くて、僕は何度もゴクリとつばを飲み込んでしまった。今のウキウキヒーローズとそっくりだ。カズさんの話に、僕はすっかり聞き入ってしまっていた。

「そんな時に、ジーコさんの紹介である男と会うことになったんだ。**『ソクラテス』って呼ばれている経営コンサルタントなんだけれど、**実際に会ってみると、あれは昔の言葉でいう仙人だな。

それで、ある日、そのソクラテスがジーコさんと店に来たのさ。背が小さくて小太りでヒゲモジャでライオンみたいな髪型だったな、そしてカッパはげだった。フランシスコザビエルみたいにね。ようは、ちびデブのザビエルさ。着ているものも不思議な格好だったよ。あれはラテンじゃないな。年を聞いたら36歳っていうんだよね。そんなの、ありえないと思った。あれはどうみても50絡みだよ。

それで、そのソクラテスってのは、何でも昔からのジーコさんのお客さんなんだけれど、3年に1回しか髪を切らないって話だった。そして、最初に美容室ファンタジスタに現れた時には、どっかから採って来た山菜をビニール袋に一杯入れて持ってきて**『これで、髪を切ってくださいませんか』**と言ったらしい。

今時、物々交換なんてありえないだろ？　**原始人じゃあるまいし。**でも、ジーコさんは追い返したりせずに丁寧に対応したんだそうな。すると、それから、時々ふらっと現れては色んなアドバイスをしてくれるようになったんだと。

ジーコさんもほっときゃいいのに、結構良いこと話すからって。友達集めて、話す機会をつくったりするようになって行ったのさ。1円にもならないのに。本当、ジーコさんてお人好しだよね。ハゲ同士他人に思えなかったのかな？本人には内緒にしてくれよ。あ、すまん。脱線した」

カズさんは、ニッコリ笑ってペッたんと頭を叩いてみせた。

僕は、カズさんの話に、「えー、ウソでしょ！マジですか？」とか言いながら、ぜひ、そのソクラテスという人に会ってみたいと思った。

「それでさ『せっかくだからお茶でもどうですか？』って話しになってね。相談してみることにしたのさ。それで、俺も、こんな性格だから**『ずいぶん変わったファッションですね』**ってそのソクラテスに、まずは単刀直入に聞いてみたのさ。

そしたら、ソクラテスはちゃんと答えてくれたんだけれど、それからがすごく意外な展開だったな。でも、振り返ってみると、今、カズカンパニーがあるのはあいつのおかげかもしれない。感謝だわ、オブリガード」と言って、カズさんは目を閉じて仏壇を拝む時のように両手を合わす仕草をした。

カズさんとソクラテスの間にいったい何があったんだろう?

ソクラテスのメモ

カズさんのチャレンジ精神には見習うことが多いですね。私も、彼が大好きです。

さて、行列の出来る会社にはこのカズさんの物語のような沢山の伝説が生れ、そして、それが一人歩きしていきます。さあ、次の章ではいよいよ私が登場しますよ。

⑪「あなたは裸の王様です」
なんてボロクソだった。
さすがの俺もぶち切れたね

〜フラミンゴのアミーゴ5原則

「それで、俺がソクラテスに『ずいぶん変わったファッションですね』って言ったら、ソクラテスは『むさくるしい格好ですいません。お気にさわりましたか？』と応えたんだよ。

驚いたね。てっきり変人だと思っていたから。まともな反応が意外だったよ。そして、『少し時間をいただけるのなら私の話を少しさせて頂けませんか？』っていうもんだから、もちろん、こちらもよろしく頼みますって応えたよ。その時は興味津々だったしね」

「へー」と、言いつつ僕もますますソクラテスへの興味が湧いてきた。でも、まだ心の何処かで疑う気持ちもあった。そんな人、本当にいるのー？　カズさんは、僕の心を見透かしたようにニコっと笑って先を続けた。

「なんでも、亡くなった奥さんへの想いからあの変テコなスタイルを続けているんだと言っていたよ。ソクラテスは、最初からコンサルタントではなかったんだけれども、たまたま昔の知人が倒産しかけの会社を引き受けて苦労しているという相談を受けてから、次々と口コミで社長連中に噂が広まって『ちょっと変わったコンサルタント』として、名前が通っていたらしい。

そのうちに、忙しくなって全国を飛び回るようになり、家に帰る暇もなくなってしまったんだと。でも、実はソクラテスが無理な依頼を引き受けていたのは、奥さんの病気があったんだそうな。普通の医療じゃ治らないということで、お金が必要だったんだよ。

それを奴は誰にも言わずに頑張っていたんだ。奥さんは、自分の身体のことは心配しないで欲しい。寿命は一番自分自身が分かっている。先は長くないから傍にいて欲しいとソクラテスに頼んだけれど、アイツは何としても奥さんを助けたかったから仕事をしたんだな。

ところが、出張中に奥さんは急変して亡くなってしまったんだよ。奥さんからの最後の手紙が看護師さんに渡されていて『あなたと出会えて幸せでした。ありがとう』と書かれていたそうな。医者もまさか奥さんが急変するとは予測もできなかったらしい。

ソクラテスは、たまたま講演中で携帯を取りそこねてしまったのさ。北海道と九州だから、どっちみち間に合わなかったんだけれども、アイツは奥さんを一人で逝かせた自分を未だに許せないでいるのさ。

それから世捨て人のような生活を始めたんだよ。そうこうするうちにジーコさんの美容室ファンタジスタにひょっこり現れたという訳さ」

「へー、そんなことがあったんですか……」奈美恵が病気になったとしても、僕はきっと助けようとするだろう。ソクラテスが急に身近な存在に感じられた。そして、カズさんは、

「その話を聞いて、俺はコイツなら一緒にやれると思ったんだ。**経費やら利益も大切なんだろうけれど、心のないヤツが最近は多すぎる。**フラミンゴが釜焼きで当たった時にも、銀行やら商社やらが、金の匂いをかぎつけてつけて沢山来やがったよ。そして、俺もおだてられてその気になっちまった。その結果が今のこれだからな。

でも、同じ失敗は二度としない。俺は思ったよ。**働いてくれているスタッフには何の罪もない。**みんな移動メロンパンの時代からフラミンゴが好きだった連中だからな。それで、もう一回頑張ってみようと思ったのさ。ソクラテスとタッグを組んで」

「それで、ソクラテスはどんなことをしたんですか？」フラミンゴの一番苦しかった時と、現在のウキウキヒーローズがそっくりに思えて、僕は、いてもたってもいられなくなってきた。

「ところが、最初から壁が立ちはだかったのさ。ソクラテスに相談すると幹部に伝えたら猛反発を食らったんだわ。『今苦しいのに、そんなお金はどこにあるんですか？』とか、『問題は社長にあるんじゃないですか？　そんなのごまかしだと思います』やら、俺は腹立つし、悲しかったよ。幹部連中は俺がいくら言っても動かないからソクラテスにも相談したっていうのに。

それで、ちょうどフラミンゴには会社の理念とかミッションってずっと欲しかったんだけれど、それがなかったんだよ。**理念があると会社がまとまるし、良い会社にはみんなちゃんとした理念があるだろ？**

そこでソクラテスに相談したら、ソクラテスは『分かりました。社長、2時間ほどお時間を頂けませんか？』と言って、色々と俺に質問してきたのさ。で、あっという間に**「私達が挑戦する10個の理由」**というのを持ってきて俺に見せてくれたのよ。正直、読んでみてもピンとはなかなかこなかったんだ。

でも、それを社員に見せるとそれまで怖い顔していたのが、フッと優しい顔になるんだよ。それを見て、ソクラテスには俺にはない何かがある、と思ったのさ。

次に、幹部会議でソクラテスがこれからの対策を発表したんだけれど、その第一弾が、社員・スタッフからのヒアリングだった。

ソクラテスいわく**『良い気分のスタッフが、良い仕事をして、良い成果を出す』**っていうんだな。**スタッフが良い気分になれていない理由を、生の声から集めて、細かい方針を打ち出すというのさ。**これには幹部の反発を吸収してしまうというアイツの戦略もあったんだと思う。実際に、幹部の反発がすごく少なくなったからね」

「そうなんだ」と、しきりに僕は感心していた。これは、今の僕とは実力に天と地の差がありそうだ。一つ一つの打つ手に、いくつもの意味が込められている。

「でもな、ソクラテスの持ってきたヒアリングの結果と提案書には腰を抜かしそうになったよ。なにしろアイツは、俺のことを**『裸の王様』**と言いやがったんだから。報告書の中には、社長の評価というのがあるんだけど、スタッフからの俺に対する評価が具体的な言葉と一緒に書いてあるのさ。

言ったことを忘れる、感情的になる、休みと給料が少ない、待遇が不公平、将来像が不明確とか、もうボロクソだった。さすがの俺もぶち切れたね。ソクラテスに対して『そんなことを聞きたいんじゃねえ、お前クビだ！』って叫ぶ寸前さ。

それに幹部のことも書いてあった、職務怠慢、職権乱用なんてね。仕事中にゲームをやっていたり、採用したスタッフにちょっかいを出したりする奴がいるのをスタッフはみんな知っているのさ。俺も、幹部の中には、もしかしたらと思う奴がいたけれど実際にそれを知ったらショックだったね。そんなレベルの経営者と幹部がいくら叫んだってスタッフがやる気になる訳ないよな。

本当に俺は裸なんだと思ったよ。自分の給料を取れない時にも、幹部、スタッフのために歯を食いしばって給料を払ってきたことなんて関係無いのさ。ソクラテスは、『それは押し付けですよ』って言っていたね。あと**『先に、分かってあげないと、決して、社長のことを分かってくれることはありません』**とも言っていた。あの時ほど、経営者って切ないなって思ったことはなかったな」

僕も聞いていて胸が痛かった。じゅん子社長も、きっと似たような心境なのだろう。

「そして、その提案書には、**『フラミンゴの未来はスタッフがどれだけ元気になれるか、ウキウキできるかにかかっている。それには、まず、社長と幹部が身体を張っているところを見せろ』**と書いてあったよ。

人件費の圧縮のこともあったので、役員・幹部がシフトに入るのは俺も考えていた。でも、ソクラテスはそこに接客やオペレーションの向上、指導・教育・売上確保なんかの沢山のチャンスが転がっていると言っていたな。

それから、社長や幹部が、目の前でしんどい仕事を自分からやる姿を見せることが大事なんだと話していたよ。それができたら、感情的だとかの性格上の問題や、ビジョンが見せてもらえないなんて、将来性なんかの問題もかなり和らげられるとも言っていたな。

要は、**人間性や性格の問題より、やるか、やらないかが大切なんだ**ってね。**人は、自分よりプレッシャーやストレスが多い中でも頑張っている人間を見たら、じっとしてはいられなくなるもんだ**って話していたよ。

変わりだしたのはそれからさ。最初は、ギクシャクしたけれど、幹部もスタッフも一緒になって頑張ったよ。本当に頑張った。

それから、褒めることや称えることも大切にしたんだよ。前は、どんなに頑張ってもやって当たり前だった。それを、入社月、誕生月の社員には心から『おめでとう、ありがとう』って伝えるようにした。

こんな感じで、**スタッフがウキウキできることなら何でもやってみようってことになっていったのさ。**みんなが納得できる**公平な評価制度**をつくったり、**毎月のビジョンの発表、社内のコミュニケーション**にもソクラテスと相談しながら手をつけていった。

そして、気づいたら**人のことで悩むことが無くなっていたんだ。**やる気が無いとか、出来ないとか、また、辞めるとかでね。

あと、有能なスタッフが戻ってきたり、お客様から応援の手紙をいただいたりして、嬉しいことが沢山起こったんだ。気づいたら、人の問題が無くなったのに加えて、今度は仕事が辛くなくなってきたのさ。そんな感じで、借金も少しずつ減らすことが出来るようになったんだわ。まだ、大分残っているけれどね」

最後に、カズさんはブラジルでのサッカー修行時代に、古くから言い伝えられてきた選手仲間の格言を教えてくれた。それは**「本当のヒーローになるために」**という5原則からできた言葉だった。

これを守らないものは、どんなに才能にあふれ、どんなに努力しても必ず失敗するという。そして、その一方でこの言葉さえ守っていれば、たとえサッカーなくても、必ず人生で成功できると信じられていたものだ。ブラジルのサッカーでは成功しなら、誰に聞いても知っているし、ビジネスで成功している人にも、この格言を忘れずに実行したおかげで上手くいったという人が大勢いるという。

フラミンゴでも、カズさんからこの話を聞いたソクラテスが「これは素晴らしいから、すぐにでも、スタッフ全員に広めたらいい」ということで、さっそく、フラミンゴスタッフの人間像として正式に会社に取り入れられたのだった。

「フラミンゴのアミーゴ5原則」は、フラミンゴのスタッフなら誰でも覚えている大切な考え方だ。たとえ、フラミンゴで働く期間に、結婚や、就職などで一時的な別れが来ても、一度、つながった仲間とは一生アミーゴなんだという想いも込められているという。

僕は、その格言を大切にメモしてフラミンゴを後にすることにした。

「カズさん、本当にありがとうございます」僕は、玄関まで送ってくれたカズさんに何度も頭をさげてお礼を言った。カズさんは、僕が見えなくなるまで手を振り続けてくれた。

さあ、フラミンゴの物語を、どうやってウキウキヒーローズの参考にすればいいだろうか？

ソクラテスのメモ

本当のヒーローになるために、

「フラミンゴのアミーゴ5原則」

1．人にないもの持て。

2．信念を忘れるな。でも、自分の意見を他人に押し付けないこと。

3．いつも弱い立場の目線でいろ。

4．困っている人のためには身体を張って手助けをしろ。

5．人間味を忘れるな。正直な自分でいること。

そうすれば、必ずお前の夢は叶うはずだ。

⑫「今日はクビを洗ってきました」って言ったら本当にクビになった！

～真実を分かち合うことの必要性と信頼の重要性

翌朝、僕は張り切って出社した。朝7時、札幌の薄暗い空に爽《さわ》やかな朝日が顔を出そうとしていた。今日も、寒い一日になりそうだ。でも、あともう少しで冬も終わる。きっと何かが変わり始める。

「おはよう、中山君。今日はずいぶんすっきりした顔をしているね」サントスさんが、広げた図面を見ながら声をかけてくれた。コーヒーを片手に、何やら考えているようだ。あごと頬《ほほ》が青々としている。サントスさん、また徹夜したんだな。

「おはようございます、サントスさん。また、徹夜ですか？ たまには、ちゃんと休んで下さいね。サントスさんがいないとこの会社やばいと思いますよ、マジで」

そう応えて僕は自分の席に向かった。やっぱり、カッコいいわ。サントスさんからは「仕事が人生そのもの」って感じがにじみ出ている。疲れている中でも、常に新しいことに挑戦しているという充実感や、設計が好きで好きでたまらない、という想いが他のことに勝っているんだと思う。

じゅん子社長とサントスさんの間には、絶対的な信頼関係があった。そして、彼の設計には素人の僕が見ても分かるほどの魅力があふれていた。だからこそ、サントスさんの図面は、ほとんどのケースで、手直し無く契約になっていくのだ。

じゅん子社長が、まず、お客様がどんな暮らしを望んでいるのか、何をしている時に楽しいと感じるか、あと、理想の家族像はどんな姿なのかといったことを聞き取り、サントスさんにイメージを伝える。

そこから、サントスさんが図面を書くのだが、それを見て、ほぼ100%の確率でお客様は感動してしまうのだった。じゅん子社長とサントスさんがお客様にプレゼンをすると、警戒していた表情がみるみる笑顔に変わっていき、やがて笑い声まで出てくる。常識から考えると、とても、家の契約をしている場面には思えない。

「一番家にいる時間の長い奥さんの家事を少しでも楽にして、そして、好きなものに囲まれて楽しい時間を過ごせないと、せっかく一生に一度の家を建てる意味がないじゃないか」と、じゅん子社長はよく言っていた。

そして、夜を徹して書かれたこの新しい図面が、また今回も、お客様の笑顔に変わるのだと思うと、なぜだか勇気が出てくるのだった。

「僕達がやろうとしていることは、きっと間違いじゃない」

さっそく、自分の机に座ると、パソコンを開いて今後の計画を練ってみることにした。何から手をつけたらいいか分からなかったが、**ゴールは、ウキウキヒーローズを、みんながウキウキと働ける会社に変えることだ。**

現状は、誰もがそれぞれのことに一杯一杯で、新しいことに挑戦したり、改善する気力がほとんどない状態。「ムリムリ」の大合唱だ。しかし、この調子でいくと会社は3ヶ月もたないだろう。

じゅん子社長は、ウキウキヒーローズに来てから1年以上、一銭も給料をもらっていない。そればかりか、個人的な持ち出しが積もりに積もっている。精神的にも経済的にもそろそろ限界に来ているのではないだろうか……。

こんな綱渡りの中でも、じゅん子社長は中国のことで更に忙しくなるので、まずは営業部が頑張らなくてはならない。しかし、彼らはなぜか、見込み客とすぐに連絡が取れなくなってしまうのだ。電話に出てもらえなくなったり、居留守をされたりして、コミュニケーションがとれなくなってしまう。どれだけ常識の無いことをやっているのか、あの営業部のメンバーを想うと僕の気持ちは瞬く間にしぼんでいった。

設計部も底上げが必要だ。現状、サントスさん以外の設計士では、他の住宅会社と競合した時に勝てない。未だに、昔ながらの四角いお家では誰がウキウキするだろう？

工事部も現場管理をしっかりと頑張ってくれないと、建物がちゃんと建たない。今のようにクレームが沢山出ているようでは、ウキウキヒーローズの評判は地に落ちて、いずれ札幌にいられなくなってしまうだろう。

大工さんや、取引業者の方々への配慮も大切だ。

でも、それより何より、じゅん子社長に、スタッフみんなから聞き取った内容を報告するのは気が重かった。なにしろ、僕が伝えるべきことは、ソクラテスがカズさんに伝えたのと同じ**「あなたは裸の王様です」**という言葉だったからだ。

「どうやって伝えよう?」と、考えた瞬間、「殺されるんじゃないか?」と直感的に思った。暴走族時代の極悪のじゅん子社長が目覚めたら、どうされるか分かったもんじゃない。

「奈美恵のためにも、まだ、死ぬわけにはいかない」と、考えると、気分もすっかり落ち込んでしまった。

いや、それとも、これを報告したらじゅん子社長はショックで自殺してしまうか、会社で暴れるんじゃないだろうか？　これまで、名波親子は名波工務店に残ったスタッフのお給料を支払っていくために、言葉に出来ないほどの苦労をしてきたのだ。

それをこんな報告をして、スタッフ達から少しもありがたがられていないことを知ったら、自分なら穏やかでいられるだろうか？

しかし、**会社がウキウキするためには、ここをごまかしては進むことは不可能だ。**

その時、カズさんから**「上っ面の言葉で、人を動かすことなんて、絶対にできねえよ。本気で人と付き合うには、腹の底をこすり合わ**

せるくらいの気持ちじゃないとな。自分だけ助かろうなんて思っている奴には、何もできゃあしねえ」とアドバイスしてもらっていたことを思い出した。

クビを洗って行こう。僕は腹をくくることにした。クビを覚悟しないと、こんな報告、とても言えたもんじゃない。

でも、ここでクビになったら、奈美恵をどんなにガッカリさせるだろう。やっと借金返済の目処もついたっていうのに。今度こそ、愛想を尽かされてしまうかも。

だがしかし、ここで自分をごまかして寄生虫のように会社にぶら下がっていたら、一生後ろめたい気持ちで生きなくてはならない。

迷った末、僕は腹をくくってすべてをじゅん子社長に伝えることにした。そして、カズさんの会社で学んできたこと参考にすれば、ウキウキヒーローズも何とかなるのではないかという話を伝えようと思った。決して、辛い話ばかりじゃない。

さて、まずは奈美恵に電話をしよう。僕はドキドキしながら奈美恵の携帯を鳴らした。彼女はすぐに事情を察したようだった。そして、

「いいよ。気にしないで全部言えばいいよ。そんなことでクビにするくらいなら、じゅん子社長もたいしたことないから。何も気にしないで帰っておいで」

と言ってのけたのだ。

やはり、肝っ玉の座りかたで、男性は女性には敵わないのだろうか？

何だかとても勇気が出てきた。失うものは何もない。そんな訳はないのだが、訳の分からないモチベーションだ。ウキウキヒーローズの未来と僕達夫婦の未来がかかっている。

もちろん、じゅん子社長の未来も。そして、これまでのお客様、仕事上の付き合いのある人達、みんなの未来がかかっているんだ。

だけど、やっぱり気が進まない。でも、目を背けている訳にもいかない。よし、もうどこにも逃げないぞ。

「じゅん子社長、お時間ちょっとよろしいでしょうか？」

僕はお客様へ手紙を書いているじゅん子社長に思い切って話しかけた。

「ん？」と、言ったじゅん子社長の顔がむちゃくちゃ怖い。もう、すべてお見通しなんだと直感した。さっきの勇気がどんどんしぼんで、胸がドキドキと音を立て始めた。そして、僕達は会議室に向かった。

前を歩く彼女の背中にはいつもの余裕がなく、どこか不安をにじませていた。僕は、これから放つ自分の言葉が、どれだけじゅん子社長を傷つけるんだろう？と思うと、胸がギューーッと痛くなった。

そして、僕達夫婦の人生も、また明日をも知れない生活に逆戻りすることを思った。なんて不器用でバカなんだろう。公務員にでもなれば、奈美恵にもこんな苦労をさせなくて済むのに。自分に嘘をつきたくないという意地は、これから生きていく中でもそんなに大事なものなのだろうか？

部屋に着くと、僕達は向かい合わせに座った。いつもと違って、今日はじゅん子社長が目を合わせようとしない。重い空気が苦しかった。

「で、なんだよ？」と、じゅん子社長が切り出してきた。

「こないだのヒアリングと、カズさんから聞いてきたお話をお伝えしようと思いまして」と、僕は話を始めた。

じゅん子社長も、昔、カズさんのメロンパンにはお世話になっていた一人だったし、フラミンゴのことは街中の話題になっていたので、今さら余計な話は不要だった。よし、まずは、僕自身の決意から伝えなくてはいけない。

「今日はクビを洗ってきました。もし、この話を聞いてじゅん子社長がムカついたら、遠慮なく僕をクビにしてください。でも、本当は仕事が無くなったら困るので、お伝えしようかどうか実は迷いました。

それでも、ウキウキヒーローズが3年後、5年後、みんなが本当にウキウキできる会社になれているとしたら、絶対に、いつかは向き合わないといけない問題だと思います。じゅん子社長、聞いていただけますか？」

じゅん子社長は憮然としながら「ああ」と言って、あごをしゃくりあげた。

個人名だけは伏せながら、僕は、聞いてきたことを正直にありのまま伝え始めた。

じゅん子社長は、ずっとうつむいたまま話を聞いていた。

話せば話すほど空気は重くなり、あまりの重圧に泣き出したいくらいだった。

しかし、「裸の王様」の話にきた時、それまで静かに聞いていたじゅん子社長に変化が起きた。じっと下を向いたまま話を聞いていたのが、うつむいたまま肩を振るわせだしたのだ。髪に隠れて表情を伺い知ることはできなかったが、

「お前に何が分かるんだ？」

という、低くかすれた声が彼女の口から漏れた。

「すいません……」僕には他に何とも言いようがなかった。そして、沈黙が広がった。ドッキンドッキンと、心臓から全身に血が流れていく音だけが耳に聞こえていていた。やっぱりまずかったかな……。もう、どうすればいいか分からなくなってし

まっていた。

「お前帰れ。もう、いいわ。今すぐ、荷物まとめて帰れ」

低い声で、じゅん子社長が切り出した。それを聞いて目頭がカッと熱くなった。

クビだ。やっぱりクビだ！　頭の中が真っ白になった。

そして、「やっぱりな」という予想が当たった気持ちと、**「もしかしたら、これをきっかけに本当に会社が変わりだすかもしれない」**という期待があったことが、その瞬間、同時に脳裏に浮かんだ。僕は、やっぱり会社が良くなることを願っていたのだ。

でも、その瞬間には立ち会えない。ウキウキヒーローズで夢を叶えるという望みは、はかなくも、今消え去ってしまったのだ。

ソクラテスなら、こんな場面もきっと上手く切り抜けられるのだろう。でも、僕にはどうしようもなかった。食い下がることも出来なかった。どうして良いか、本当に分からなかった。

「ありがとうございました」という言葉をしぼりだすのが精一杯だった。

そして、僕は席を立ち、会議室を後にした。事務所にいたスタッフみんなに「短い間ですが、お世話になりました」と、お礼を言ってダンボールに荷物を詰めて事務所を後にした。

お礼を言いに行ったスタッフ達は、みんな複雑な顔をしていた。誰に引き止められる訳でもなく、僕はダンボールを抱えて雪道を歩いて帰ってきた。

まぶしいくらいに晴れた空がとても青かった。

家では奈美恵が「おかえり、お昼ご飯できているよ」と言って迎えてくれた。

それからの1週間、僕は放心状態から抜けることが出来なかった。これからどうしよう。僕達夫婦の将来のことを何とかしなくてはいけない。

「話があるんだけど」

そんなある日、奈美恵が唐突に切り出した。

「赤ちゃんができたみたい」

ソクラテスのメモ

じゅん子社長と中山くん、二人の気持ちを考えると、とても辛い場面ですね。正しいことを伝える時に必要なのは勇気よりもむしろ愛情です。中山くんも頑張りましたが、じゅん子社長の心をもっと分かってあげることが出来たら、彼女も、もう少し冷静になれたのかもしれません。

⑬「ずっと待っていたのに！」って、それは気づけませんでした

～人の心は複雑だ。
だからこそ感動することが大切なのかもしれない。

「うわー、本当!? やったね！ 赤ちゃん出来たんだ！」と、奈美恵の手をとって、僕達は一緒になってはしゃいだ。年齢が40歳に近い彼女にとっては、これが最後のチャンスになるかもしれない。もちろん、初めての子どもだ。

でも、やっていることとは裏腹に、心の中では「どうしよう」という不安が渦巻いた。借金があり、収入の目処もなく、そして赤ちゃんが生まれてくる。来るべくしてきたのだ、この瞬間が。今まで、ハンパな人生を生きてきたつけが回ってきた。

僕の不甲斐なさが、奈美恵と生まれてくる赤ちゃんを危険にさらしている。そう思うと、幼稚な正義感から、ありのままをじゅん子社長に話してしまい、ウキウキヒーローズをわずか3ヶ月でクビになった自分がとことん情けなくなってしまった。

やりきれない気持ちに負けそうになりながらも、奈美恵には気づかれないようにつくり笑いを絶やさないようにした。**「どこの病院で産む？」「何から準備すればいいの？」**なんて彼女の言葉は、左から右の耳をただ通りすぎて行くだけだった。

「やったー！」とはしゃぐ彼女には不安のかけらもないようだった。いつも、奈美恵は大変な時ほど明るく振舞ってくれる。これまでもずっとそうだった。僕のために身体を張って頑張ってくれた。どんなに失敗しても、いつも許してくれたし、味方でいてくれた。

「この、だめ男！」なんて言葉、一度も言ったことがなかった。

そんな彼女に**「俺、自信ないから……」**なんて、言えるだろうか。**「お金どうする？」**なんて、言えるだろうか。**「ちゃんと、仕事見つかるかな？」**なんて、言えるだろうか。

言えるわけない。そんなことを言ったら、奈美恵の人生を台無しにしてしまうことになる。

いったい、どうすりゃいいんだ？

簡単だ。変わるしかない。僕がしっかりすればすべて上手くいく。それだけのことだ。負け犬人生はもうたくさんだ。これを機会に生まれ変わってやる。見てろ、このままでは絶対に終わらない。地面に頭こすりつけても、マグロ船に乗ってでも、奈美恵と産まれてくる赤ちゃんだけは泣かさないぞ。

妊娠の話を聞いた僕は、すぐ就職活動を始めることにした。そして、さっそく、ジャンパーを羽織って就職情報誌を買いに出かけようとアパートの扉に手をかけた時、携帯電話が鳴った。

誰だろう? あれ、じゅん子社長だ。奈美恵の妊娠で、ウキウキヒーローズのことは、正直、頭から離れていた。携帯を耳にあてると、いつものハスキーボイスだ。元気がない。

「中山か?」

「はい」

「今、家か？」

「そうです」

「今から行くから、ちょっと待ってろ」

「は、はい。分かりました」

それから、20分程でじゅん子社長はやってきた。「寒いですねー」なんて言いながら僕達はちゃぶ台を挟んで腰を下ろした。いったいなんの話だろう？　会社の誰かがあることないこと僕のせいにでもしたのだろうか？

そして、彼女は出されたお茶に少しだけ口をつけるとカッと目を見開いてジロリと僕をにらみつけた。そして、**「なんで電話してこないんだ!?」**と切り出した。

「は、はい、クビになりましたので…。」何のことか分からずに、僕は、あっけにとられて思いついたことをそのまま口にした。

「ずっと待っていたのに!」そう言って、彼女は小さな手をぎゅっと握り締めた。

「え、ウソですよね。マジですか? そうだったんですかー?」何ともびっくりな話だ。

じゅん子社長は、やはりあの報告でかなり傷ついていたのだ。そして、その気持ちをどう持っていったらいいか分からずに、勢いで僕をクビにしてしまったようだった。冷静になって、だんだん後悔が大きくなってきたという。どんなに営業が上手でも、一人では、今のウキウキヒーローズを立て直すことは至難の業だったのだ。

あれから、ずっと僕からの連絡を待っていたのだという。「許してください」と僕から頭を下げてくるはずだと、かたくなに信じていたのだ。でも、1週間たっても連絡が来ない。とうとう恥ずかしいのも通り越して、じっとしていられなくなったのだった。

んー、ごめんなさい。その気持ち、ぜんぜん、分かりませんでした。僕は自分のことに精一杯で、じゅん子社長の心の叫びにはまったく気づくことが出来なかった。

それでも、そうやって思ってくれていたことを知って、僕は少し感動していた。必要としてくれる人がここにいる。その人は、日本全国に名前を轟かせたカリスマ住宅営業マンで、そして照れながらも、正直に気持ちを伝えてくれているのだ。

それから何時間たったのか分からない。ウキウキヒーローズに来てからの苦労話やこれからの夢の話を聞いたあと、じゅん子社長は

「おい、中山。一緒に世界制覇しようぜ」と、言い出した。

僕は、なぜか、その言葉をずっと待っていた気がした。やっぱりこの人に惚れているんだ。そして、「そうですね。やりましょう」と簡単に応えてしまっていた。

その瞬間は、なぜか色んなことが頭から吹っ飛んで「いいじゃん、やったろうや」という気持ちだった。**じゅん子社長と一緒じゃなければ「世界制覇」にチャレンジするなんて、きっと、一生味わえない経験だ。**

こんな人と、こんなチャンスと2度と出逢えるはずがない。これぞ、僕が求めていた人生だ。しかし、家族の幸せをかけてやる以上、遊びじゃなくて本気でやる。身体

全体が今までになく熱くなって、ドックンドックンと脈打ってくるのを、僕は感じていた。

さっそく、どうすれば会社をウキウキにできるかについて話し合うことにした。これまで、じゅん子社長がチャレンジしてみたことについても、全部、書き出して同じ失敗をしないように作戦を立てることにした。

ポケットマネーで食事会を開いたことや、年末のボーナスが出せないかわりに「お餅代」として、一人数万円ずつ渡してあげたこともあった。一人一人と時間をかけて面談もした。

食事会は盛り上がらず「お餅代」を渡した時には、喜んで欲しい気持ちとは裏腹に、**これっぽっちで**という不満な顔を見せたスタッフもいたという。中には、取引先に会社の悪口や不満を漏らしていたことが、後になって発覚したこともあった。

時間をかけた面談も、いったんはやる気になっても一週間もすれば元に戻ってしまったという。人間って、本当に難しい。

彼女が、これまで針の束を飲み込むような、苦しい気持ちで取り組んだことに対して、ちっとも感謝の気持ちを持っていないスタッフ達に、これから、どうやったらコミュニケーションを取っていけるのか？

その答えは簡単には見つからなかった。イラ立ったじゅん子社長は、時々、「アイツら全員クビにしたい」「ぶっ殺す」などと、怖ろしいことを言っていた。彼女なら、本当にやりかねない。僕は、そのたびに「そうですよね。やるだけやって駄目だったら、僕も協力しますから！　何でもやります！　でも、クビにしたら今は何も始まりませんよ」と、冷や汗をかきながらなだめすかして作戦を練り上げていった。

何しろ、自分もクビになった経験があるのだ。僕の慌てる姿を見て、じゅん子社長はケラケラと笑っていた。

しかし、まともにマネジメントの教育を受けたことのないじゅん子社長と僕が、こんなに行き詰って複雑な状況を改善していくなんて、まったくどうすればいいか分からなかった。

でも、何もしない訳にもいかない。どうすれば、コミュニケーションの問題が解決できるのだろう。そして、会社をウキウキにできるのだろう。灰皿は吸殻の山になっていた。現在、会社はギリギリの資金繰りで動いている。じゅん子社長が新規の契約を取れなければ、そのまま、すべてが行き詰る可能性が濃厚だった。

「あ、そうだ！」

その時、フラミンゴで聞いたカズさんのアドバイスを思い出した。

ソクラテスのメモ

じゅん子社長と中山くん、再び一緒に仕事ができるようになって良かったですね。昨日と今日の間に少しでもいい、何か違いを残していく。1日、一人1ミリでも変わることができれば、会社も人生もどんどん良くなっていきます。

さあ、中山くんが、何か思い出したみたいですね。頼むよー！

⑭「こんな給料じゃやってられない！」とかね。毎週ドキドキもんだったよ

～ソクラテスのコミュニケーション構築法

「中山君、社長の孤独って聞いたことはあるかい？　それを乗り越えられないと、経営者はいつまでも苦しい想いをすることになるのさ。でも、何とかして乗り越えることができたら、必ず、**そこから道は開けていくと言われているんだよ**」

サンバミュージックの軽快なリズムと共に、先週、フラミンゴの社長室での出来事が僕の脳裏によみがえってきた。カズさんが人懐っこい顔で話しかけてくれている。

「俺も、最初は孤独を乗り越えるなんてことがどういうことか、まるっきり分からなかった。だって、スタッフはやって当たり前のことができないんだもん。だから、ソクラテスにはしょっちゅう愚痴っていたよ。『あの連中（スタッフ）は本当に何も出来ないんだわ！』なんてね。そのたびに、ソクラテスからは

『会社再建中の社長ほど苦しいものはないかもしれません。その苦しさを誰も知ってはくれないでしょう。しかし、その中で、あなたは自分がどんなに孤独だろ

うと諦めないで頑張っている。少しだけかもしれないが、私はそのことを分かっているつもりです。

そして、あなた以外に、今、どこかにフラミンゴを救える人がいますか？　ご家族、スタッフ、フラミンゴのファンの方々が、あなたに期待しています。今、この瞬間も、**みなさんにとって、あなたはヒーローなんですよ**』なんてことを言われたんだ。

アイツと話していると、もう1回だけ頑張ってみようって気になるから、本当に不思議だよ。

そして、ソクラテスは、スタッフの能力を最大限に活用するためには**『スタッフ一人一人に感謝して、褒めろ』**とアドバイスしてくれたのさ。**それをやったら、お給料も、休みも、地位もあげられなくても人間って**

かなり頑張れるからって。

とにかく、どんな小さなことでも見つけて褒めろって。**褒めて、褒めて、褒めまくれ**ってね。お金をかけずにできることなんだから、迷っている暇や、恥ずかしがっている暇はどこにもないはずですとも話していたな。

でも、俺にはできなかった。やろうと思うんだけれど、本当にできないのさ。だって、現実は、スタッフは仕事ができていないんだもん。褒めたら調子に乗って余計に駄目になる気がするのさ。

例えば、掃除が出来ていなくてお店が汚くなっているとする、**「掃除してくれよ」**って指示を出したら、**「ちゃんとやっています！」**って返事がくるんだよ。でも、やっていないんだよね。こんなことばっかりさ。

それで、相変わらず怒鳴りまくっていたんだ。そしたら、会社の雰囲気は更に悪くなっていったのさ。「何でだろう?」と、思ったよ。会社にいるのが、どんどん苦しくなっていくんだから。**そしたら、ソクラテスはそんな俺を見るに見かねて、カードを書けって言い出したんだ。**

『それでは、**スタッフを褒めたり、感謝してあげたり、本音を聞くために、カードを使いましょう。**1週間に1度、スタッフ全員にハガキサイズのカードを書きます。そして、スタッフからも1枚カードを書いてもらいましょう。**今すぐ、会社のコミュニケーションを高めて、一致団結をするために、他に方法はありません**』ってね。

それで、「何じゃそりゃ?」と思ったんだけど、他に手は無いって言われてるし、仕方なくカードを使って「褒め褒め作戦」を再スタートするかということになったんだよ。ところが、それでも、俺はできなかったのさ。言葉が思いつかないし、簡単に褒めたら、絶対に勘違いされるって信じていたんだ。

すると、ソクラテスがずっと俺のそばについて手取り足取り教えてくれるようになったのさ。週に1回しか来ないバイトでも、アイツは本当に人のことをよく見ていて、何を言ったら喜ぶかがちゃんと分かっているんだ。

そして、今度は俺が書いたカードと、スタッフから集めたカードを毎週の朝礼で発表するようにしたのさ。

『Aさん、困っている時に助けてくれてありがとうございました』
『社長、差し入れ嬉しかったです。ご馳走様でした』
『フラミンゴのメロンパンを10年以上食べています、というお客様がいました。すごく嬉しかったです』

なんてね。簡単な内容だけれど効果があったんでびっくりしたよ。そのうち、ソクラテスは、そのカードを社内新聞にして、朝礼に出られないパートも見られるようにしたり、ＶＩＰのお客様にも見せるようにしたんだ。

そうすると、それを読んだお客様がとっても身近な存在になってきてね。お店に来るのを楽しみに思ってくれている様子が分かるのさ。そして、アンケートにも積極的に答えてくれたり、新商品やサービスのことで色々とアドバイスをくれるようになって、あれは本当に助かったな。

さらに不思議なことには、それまでは何を言っても駄目だったスタッフ達が、少しずつ変わりだしたんだ。俺が言ってもダメだったのが、お客様からのアドバイスだと、みんな素直に聞けるのさ。これは発見だった。

ソクラテスは、**『スタッフの多くは、自分の方が経営者よりもお客様を知っていると思っています』**と言っていたよ。あと、**『彼らは自分を認めてくれる人の言うことを聞く』**とも話してくれたな。自分が否定されていると、正しいと頭で分かっていても身体が動かなってしまうのさ。

あと、カードをやるとスタッフからクレームが出るんだ。**「こんな給料じゃやってられない！」**とかね。毎週ドキドキもんだったよ。

それまでは、社内のクレームはできるだけ押さえ込もうとしていたのさ。でも、ソクラテスはそんなことには何の意味もないって、どうせ噂話は広がるんだからクレームはどんどん言わせろっていうんだよ。

すると、案の定、給料が少ないとかいうスタッフが出てきたんだ。どうするんだ？と思ったら、ソクラテスが俺になりすまして返事を書いてくれるんだわ。それをまた、全社で見るのさ。例えば、『こんな給料じゃやっていられない！』という無記名クレームに対して、

『あなたがどれだけ頑張ってフラミンゴに貢献してくれているか、まだまだ分かって

いるつもりで分かっていないところもあると思う。まずは、いつもありがとう。心から感謝しています。

僕達は、これまで誰も手を抜かずに頑張ってきたのに、同じやり方をするライバルの出現や、長びく不況、お客様を驚かせる新商品の開発が進まずに低迷し、いまだにトンネルから抜け出せないで苦しんでいます。お給料が下がったスタッフもいるし、ずっと昇給できないでいる方もいます。

けれども、こんなことがいつまでも続くはずがありません。移動メロンパンの時代から、石釜パンの現在の業態になるまで、美味しいパンづくりに私達以上に本気になって取り組んできた会社があるでしょうか？

今、スタッフ全員が、お客様に満足してもらう取り組みを行っています。お客様からの喜びの声も日に日に増えています。そして、少しずつ売り上げも回復してきています。

お客様の声を聞いていると、フラミンゴのパンを食べることで笑顔になったり、やさしくなれたりすることが沢山あるのはみなさんもご存知だと思います。家族でフラミンゴのパンを週末に買いに来るのを楽しみにして下さっている方が沢山います。ですから、今は苦しいですが、この努力はきっと報われる。僕は、そう信じて頑張っています』とかね、

ソクラテスは上手いこと書くなっていつも関心したもんだよ。**結局は、売上げを増して借金を返さないと、給料は戻せない**ということなんだけれど、そう言っちゃったら身もふたもないでしょ？

すると、最初は、バカらしいと思っていたスタッフもいたみたいなんだけれど、半年もすると、給料も休みも変わらないのに、会社の雰囲気がだんだん良くなってきたんだよ。不思議だったね」

カズさんはそういうとサンバのＢＧＭをとめて、少し難しいかもしれないけれど、

とても大切なことだからと前置きして、

「**ソクラテスに聞いたら、これはウキウキの第2法則**だと言っていたよ。**不安や疑問や負担感を減らすと、人はウキウキしてくるものだ**ってね。ウキウキの第一法則と、第二法則のことはジーコさんから教わったんだよね？

あれは、ソクラテスが初めに言い出したことなのさ。

人間は不思議なもので、目先のご褒美がなくても、リーダーが身体を張っている姿を見せることや、しっかりとコミュニケーションをすること、自分達にしかないものがあることを教えてあげたり、頑張りを認めてあげることで不安や疑問はかなり和らいでいく。

そして、**なぜ私達はチャレンジするのか**という理由を伝えることで、負担感がやりがいに変わっていくこともあるって言うんだよ。ただ、大変だから、売り上げが少ないから頑張れというだけでは、なかなか人は本気にはなれないのさ。

経営者には、昔の俺のように、スタッフのやる気のなさを責める人がいるけれど、それはリーダーシップを発揮できていないだけなんだ。やっと、それに気づいたんだよ。

イキイキと働くスタッフ達を見ると、本当に勇気が湧いてくる。人と人として向き合えば、スタッフ達は厳しい現実にも負けない力を発揮してくれる。フラミンゴのみんなが教えてくれたんだ。本当に感謝している。それで**孤独を乗り越えるっていうのは、まずは、人を信じることなんだって分かったんだよ**」

やはり、ウキウキの出どころはソクラテスだったんだ。それにしても、ウキウキの第一法則、第二法則に、まさかここで再会するとは思っていなかった。僕は、フラミンゴでの状況を思い出しながらあらためて感動に浸っていた。

そして、これから、ウキウキヒーローズのコミュニケーションをどう構築するかについて、じゅん子社長とひたすら話し合った。何時間が経ったんだろう、灰皿はカチ盛り状態だ。

「カズさんも大変だったんだな」

じゅん子社長の目に涙がにじんでいるように見えた。

そして、僕達は、さっそくソクラテスのコミュニケーション構築法を活用することにした。じゅん子社長もカズさんと同じように、面と向かっては人を褒めたりする自信が無いというので、最初からカードを活用することになった。カードを集めたり、社内新聞をつくるのは僕の役割になった。

それから、フラミンゴでも使われた「私達が挑戦する10個の理由」と「ヒーローになるためのフラミンゴのアミーゴ5原則」も活用しようということになった。

さらに、まずは、翌週の全体会議で、じゅん子社長が、会社に対する想いと、これまでの経緯、現在の状況を話し、これからウキウキヒーローズを立て直していくために、どうやっていくかを発表することになった。

協力を訴えたら、みんなはどんな反応をするだろうか。僕には、まったく想像がつかなかった。でも、もし、ウキウキヒーローズが変わり始めるとするなら、そこから何かが始まるはずだった。

この先、まだまだどうなるか分からない。カードを書いて会社が良くなるなんて、少しバカバカしい気持ちがしたかもしれない。しかし、残された時間を考えると、じゅん子社長には、他に選択肢は残されていなかった。

翌日、僕は1週間ぶりにウキウキヒーローズに出社した。頭をかきながら、みんなに挨拶して回るのは少し照れくさかったが、みんな**「ヨロシクな、エロ山」**と言ってくれた。やっぱりエロ山か、と思ったが不思議と懐かしさもあって心地いい響きがした。

じゅん子社長が呼びに来たことはみんなが知っていたが**「実は、僕も、本当は戻りたくてしょうがなかったんです」**と話してまわった。みんなも、そんなの知っていたよ、という顔をしてくれた。

さあ、全体会議が上手くいくように、できるだけの準備をしなければならない。会議は明日に迫っている。時間はあっという間に流れて行った。

そして、翌日の夕方、運命の全体会議が始まった。集まることは集まったが、奈良橋も、遠藤さんも、サントスさんを除いた全員が一様にしらけムードだ。みんなが、いぶかしげな顔をしている。とても重い空気だ。大丈夫だろうか？この会議が上手く成立するのかどうか、僕は、ハラハラしながら見守っていた。

じゅん子社長は、これまでの経緯をほとんど包み隠さず、お金が足りなかったことも含めて話し出した。うなだれている人がいたり、落ち着きなく上の空の様子でいるスタッフもいたが、じゅん子社長も腹を決めている様子ですっきりとした顔をしていた。そして、一通りの説明が終わった時には夜の9時になろうとしていた。

「これまで本当に至らないところばかりの私だった。親父のことも含めて申し訳ないところも沢山あった。

でも、これからはみんなが本当にウキウキできる会社にしたい。働いていることが誇りに思える会社にしたい。みんなの夢が叶う会社にしたい。頑張った分だけ、ちゃんと報われる会社にしたい。

また、しばらくは大変なことも多いと思う。けれど、私はたとえ一人になってもこ

の方向で進んでいきたい。みんなは協力してくれるか？」

じゅん子社長は、最後にそうスタッフに問いかけた。結構、良い話だったと思う。もしかしたら、何か変化が起こるかもしれない。

それから、しばらく、会議室は静寂に包まれていた。じゅん子社長の呼びかけに誰か反応してくる人はいるだろうか？　1分が1時間にも感じられた。次第に胸の鼓動が高まってくる。きっとこの瞬間がウキウキヒーローズの分岐点になっているはずだ。

「じゅん子社長、分かりました。僕にも反省するところが沢山あります。一緒に頑張りましょう」そんな声を誰かが言ってくれないかと思いながら、僕はみんなの様子をじっと見守っていた。

しかし、誰も反応しない。一人一人の顔を見ると、目にはうっすらと涙が浮かんでいるようだった。でも、その心の中を覗くことはできない。どんな気持ちの涙なんだろう。

今更何なの？　という雰囲気にも受け取れたし、「頑張りましょう」と、言いたくても何て言っていいのかも分からないとも取れた。遠藤さんや奈良橋は「だから何？」という、否定的な雰囲気でいるように見えた。

結局、その日の会議は重い空気のまま夜の10時頃に終了して解散した。厳しいスタートだ。思った以上に大変な道のりが待っている。その現実が僕達につきつけられたのだ。それでも、じゅん子社長と僕は諦めなかった。

そして、**すべてはここから始まったのだった。**

ソクラテスのコミュニケーション構築法

週に1度スタッフ全員がカードを書き、組織全員で共有する。カードの内容は、人を褒めるか、感謝するか、クレーム改善要求の3つ。クレームは無記名でもよい。人間関係の悪いチームでは、リーダーがチームスタッフ全員分のカードを書くと効果が大きい。

⑮ おかげで子供達に胸を張れるようになりました

〜お客様の褒め言葉がスタッフをすごいスピードで成長させる。

あの夜から、じゅん子社長は本当に一切のグチや感情的な行動を封印してしまった。

そして、**スタッフのしらけムードをものともせず、ことあるごとにみんなに温かい言葉をかけるようになったのだ。**毎週、20名のスタッフ全員に対して、感謝や褒める言葉をカードに書いて伝えるのもしっかりと実行した。

出張で会社にいない時には、僕にカードを預けて行った。

それを、毎週の朝礼で発表し、カードを手渡すようにしたのだ。発表するのは、その週当番のスタッフの役割になっていて、発表している間は、優しい気持ちになれるようなBGMを流した。これは僕の発案だ。

最初は、カードを書いているのはじゅん子社長と僕だけだったが、そのうち、だん

だんと書くメンバーが増えていった。遠藤さんも書くようになった。彼女は、みんなが感動するような結構いいことを書いてくれるのだ。

不思議なことに、カードをはじめてから、じゅん子社長の表情がすごく柔らかくなったように感じた。愚痴やボヤキを言わなくなった。人のいい所を見つけることに慣れてくると、怒りや疑問があまり溜まらなくなるのだろうか？ カズさんも、カードに取り組みだしてから、フラミンゴのスタッフ達に同じことを言われたらしい。

そして、嬉しいことに、カズさんが焼きたてのパンを持って時々会社に遊びに来てくれるようになったのだ。カズさんは、ウキウキヒーローズのスタッフの間でも人気者だったので、来てくれるたびに、雰囲気がパっと明るくなった。会社の駐車場でリフティングを見せてくれることもあった。

おかげで、じゅん子社長も少なからず勇気をもらったようだ。昔、僕に秘密練習をしてくれたように、今度は、じゅん子社長にカードの書き方なんかを教えてくれていたようだった。こうして、じゅん子社長は、カードを続けていくことができたのだった。

そうすると、最初は、知らぬ存ぜぬで無視していた人達も、毎週じゅん子社長から優しい言葉を伝えられることで、少しずつ変わり始めていった。会社全体の雰囲気が何となく明るくなってきたのだ。それにともなって、工事のミスや、お客様のクレームが爆発することも、目に見えて少なくなってきた。

そんな春も間近なある日、カズさんが、じゅん子社長と僕に話があると言って、フラミンゴに僕達を呼んだ。何か面白いことでもあるんだろうかと思っていた僕達に、**「そろそろ、次のステップに進んでもいいと思う」**と、カズさんは切り出した。会社の雰囲気や信頼関係が良くなってきたら、次のステップは、スタッフそれぞれが、**自分達の役割を明らかにしながら業務をどんどん改善をしていく**のがいいという。

もちろん、これもソクラテスのアドバイスを元に、フラミンゴが再生したステップに沿ったものだった。「**一足飛びにスタッフに変化を求めるのは、結局、遠回りになります。**雰囲気を良くした上で、一歩一歩進んでいくのが一番の近道です。コミュニケーションを改善できれば、次は、ひたすら前進です」と、ソクラテスは言っていたらしい。

業務の改善の進め方としては、お客様やスタッフがドキドキしていたり、ムリムリと思うことを無くして、**ウキウキすることを伸ばしていく**といいという。

同じ部門同士、あるいは、部門間を横断したチームをつくって、ドキドキ、ムリムリをウキウキにするにはどうするかを考えて問題を解決していくというのだ。これまたアバウトな方針だと思うのだが、これが逆に分かりやすく、自由度もあるので良かったとのことだった。

例えば、住宅会社で新築の工事が始まっている場合、図面が出来て建築がいよいよ着工した家が、毎日、どんな状態なのかは、お客様によってはとても気になるところだ。ところが、建築現場を見に行っても、無口で人見知りの大工さんが黙々と作業をしている。

お客様からすれば、一生に一度のことなのに、本当に自分達が望んだ家がちゃんと建っているのかができてみるまで分からない。これでは、引渡しまでの間も、不安でドキドキしてしまう可能性がある。

一方で、大工さんも、通常は、施主さんの顔も知らずに、ただ、図面通りの家をつくっている。これでは、仕事がただの繰り返しの作業になってしまうので、何とかしたいと以前から思っていたようなのだ。

そこで、このドキドキをどうすればウキウキに変えることができるのか、現場も一緒に考えていこうということになった。

すると、「**お客様がどんな想いで家を建てることになったのかを大工さん達に伝えること**で、今以上に気持ちも入って良いのではないか？それから、家が建っている状況をマメに報告してあげれば安心してもらえるのではないか？お客様が家を見に来た時には、棟梁が現場を案内してあげれば喜んでもらえるのではないか？」というようなアイデアがどんどん出るようになって、次々と改善がなされることになった。

気難しくてシャイだと思っていた大工さん達も、お客様の喜ぶ姿を見ると張り切って仕事をするようになっていった。大工さんのやりがいにつながることが、お客様の安心や満足につながることも分かってきた。

こうして、感謝の時間、褒めることに加えて、毎週、「営業」「設計」「工事」が現場ごとにミーティングをすることになった。コストや時間の問題でどうするべきか判断がつかないような場合には、ウキウキの法則や、ヒーローの5つの原則にしたがって決定することが定着していった。

以前は、小さなことでも親父さんやじゅん子社長に聞かなければ何も動かなかったし、その時の社長の気分で答えが違ったりもするので、次第に、社長に意見をする人が少なくなり、お客様よりも、社長の顔色をみて判断する「ことなかれ主義」が定着していた。

ところが、ウキウキの法則やヒーローの5原則という判断基準を共有することになってからは、目に見えてみんなの仕事に対する情熱が向上してきた。全員が主役で専門家のウキウキヒーローズのスタートだった。

僕の仕事も、最初は、カードの内容を社内全員で回覧できるようにするところから始まり、これに、じゅん子社長のコメントをつけたものを発信すると、よりスタッフのみんなは、楽しみにしてくれるようになった。

更に、ウキウキヒーローズのスタッフそれぞれの人生にスポットライトを当て

「こんなに熱いメンバーが頑張っているよ」という物語を、現場の末端まで伝わるようにしたのだ。

その次には、スタッフとお客様との心の交流を紹介するコーナー新設し、それぞれの家づくりに対する想いをお互いに知ることができるようにした。この段階から、お客様通信として、ユーザー様や、見込み客の方にも通信を発信することになった。名前は**「ウキウキプレス」**と名づけられた。

それから、更に発展して、お客様へより深い取材活動も始めた。家づくりに関する、ご家族ごとの物語を取材して、社内のスタッフや見込み客の方にお伝えするようにしたのだ。

こうしてウキウキヒーローズの新聞「ウキウキプレス」は、みるみるうちに毎月５００部を発行する媒体に成長し、リフォームの依頼や、紹介が少しずつ出るようになっていった。そして、少しずつお客様からの反応が温かくなってきたことが僕達を勇気づけたし、地元の小さな新聞社などから取材も来るようになってきた。

そして、これまで、何をやっても変わらなかった営業部にもついに変化が起こり始めた。

いつも「忙しい、忙しい」とか、適当な理由をつけて会社に近寄らなかった彼らだが、**カードをはじめてから次第に心を開いてくれるようになってきたのだ。**実は、営業活動の中で、ここ数年はお客様と日常会話を交わすことすらできないことが多くなり、途方に暮れていたのだという。

例えば、オープンハウスに来場してくれた方を訪問しても、ぜんぜん、相手にしてもらえないのだそうだ。来場者名簿にも記入してくれることが少ないので追客もできない。だからといって、紹介も殆ど皆無。彼らなりには頑張っていたのだが、かなり前から行き詰っていたのだ。

そこで、まずはイベントに来場してくれた方が、名簿に名前を残してもらえるように、オープンハウスやイベント会場を、テーマパーク化することから着手した。楽しんでいただける展示物を沢山用意して、作り手の想いが伝わるようなメッセージもご紹介した。また子どもが楽しめるような企画を用意することで、お父さん、お母さんは、心のガードをかなり下げてくれることも分かってきた。

さらに、会場に待機しているスタッフには大きな名札を用意して、初対面の方にも安心してもらえるようにした。このような取り組みをどんどん推進することで、名簿への記入率が格段に向上していった。

次に、お客様との間にどんな風にコミュニケーションをとっているのかを聞くと、アポなしで訪問したり、携帯でいきなり要件を切り出すことが多いのだという。人柄や想いが伝わることもなく、お客様の要望を詳しく聞き取りすることも少なかった。

これでは、今の時代、怪しまれ、嫌われるだろう、ということで手紙やハガキによるコミュニケーションを増やすことにした。特に最初の接点では、必ずお礼状を出そうということになった。そんなことすら実行されていなかったのだ。

お礼状を確実に実行するようにすると、それまでは居留守をして無視を決め込んでいたような見込み客の方々が、家にあげてくれるようになったり、来社してくれるようになった。

確実に前進している実感が、営業チーム全体に広がってきた。

そして、このまま、契約までいけるケースも増えてくるかもと期待も高まったが、現実は、そんなに甘くはなかったのだ。

最初の関門を突破しても、プランと値段を提示すると、叩かれた末、ライバル会社に負けることが多く、契約まではなかなか至らなかった。営業部は再び苦しい状況に

直面したのだが、じゅん子社長に相談すると、聞き取りと提案が弱いので、他社のあて馬にされているのだろうという。

そこで、じゅん子社長とサントスさんに相談して、ウキウキヒーローズ特製の聞き取り表を作成した。この内容に漏れないように聞き取りをすることで、家づくりに関することのみならず、理想の家族像や、奥様が毎日楽しくいられる空間について深く知ることができるようになった。

それに加えて、サントスさんが若手の設計士を連れてお客様の所に出向き、実際に、聞き取りとプランの提案をどうやっているか、お手本を示すようにしてくれるようになった。この取り組みを始めると、それまでは濁った目で仕事をしていた若手設計士達の表情が、イキイキと輝きだしてきた。以前は、設計図を書いても書いても、他社の提案に負けて実現しなかった家が、一つ、また一つと実際に形になり始めたからだ。サントスさん以外の図面でも、契約がもらえるようになってきたのだ。

そうこうするうちに春になった。住宅会社にとって、春はとても大切な季節だ。統計的にも住宅が沢山売れ出すことが分かっている。ウキウキヒーローズ全体の士気も上がっていた。これまでにはなかった感動のエピソードも報告されるようになり、会社全体で、喜びを分かち合うようなことが増えてきた。

じゅん子社長のお客様からは、こんな嬉しい手紙が届いた。

⑮おかげで子ども達に胸を張れるようになりました

このたびは、私達家族のために最高のお家を建ててくださり、本当にありがとうございます。ウキウキヒーローズさんに声をかけた時、私達はこれを最後の相談にしようと思っていました。なぜなら、主人がサラ金から借金をしていたために、どこの住宅会社に相談しても融資が下りずに、何度も途中で挫折していたからです。

でも、じゅん子社長さんが「せっかくご家族のみなさんが心を一つにしてお家を建てようと頑張ってらっしゃるんですから、もう少しだけ諦めないで頑張ってみましょう」と、励ましてくださり、ついには小さいけれど私達のお家が建ちました。

アパート暮らしだった頃から、今のお家に引っ越して、主人は、自分に胸が張れるようなったような気がすると話しています。

以前は、毎月のサラ金の支払いに追い立てられるような毎日でした。アパートは元気な育ち盛りの子ども達には狭くて、ちょっと遊んだだけでも、隣や上下の住人から文句を言われました。子ども達に、静かにしなさいと叱るたびに心の奥が痛みました。

あと、主人がどんなに疲れて帰ってきても、狭いアパートでは休

まる場所もありません。それでも愚痴ひとつ言わず、毎朝仕事に出かけていく主人の背中を見るたびに、いつまでこの生活が続いていくんだろうと思っていました。

それが、じゅん子社長のおかげで、今はすべてが変わりました。子ども達は毎日、元気に遊んでいます。主人の顔も明るくなりました。

そして、毎月のローンも、サラ金の返済ではなく子ども達への財産のためだと思うと、まったく気分が違います。諦めないで本当に良かったと思えるのです。

これからも、お身体を大切に、皆さん頑張ってくださいね

（お客様の手紙）

このお客様のように、サラ金からの借り入れが多かったり、返済が滞ってしまいがちなために、銀行から返済能力を疑問視されてしまい、家づくりを断念してしまう家族も少なくない。しかし、時には土地建物の代金にサラ金の借入金を合わせて融資を受けることで、借入金を一気に完済し、毎月の支払いをローンだけにすることで上手くいくケースもある。これには、担当営業マンがお客様としっかり信頼関係を築いて、引き受けてくれる金融機関が見つかるまで何回も審査にアタックする必要があるので、簡単には成功しないのが普通なのだ。

今回の成功は、**「頼ってくれた人との出逢いをとことん大事にする」**じゅん子社長らしいエピソードだった。普通の営業マンなら、ここまで骨を折ることはしないだろう。

こうして、何度も倒産の危機に瀕していたウキウキヒーローズは、少しずつ復活の道を歩き出していた。僕も、毎日会社に行くのが楽しかった。**一度は不可能に**

思えた年間50棟の目標にも再度挑戦の気運が高まってきた。

中国のワールドカップの件も、着工こそ遅れ遅れになっていたものの、じゅん子社長がなんとか**「便所だけでも」**という想いで頑張っていたし、奈美恵と僕が授かった子どもも順調に育ってくれていた。出産の予定日はまだまだ先だったが、僕達の元に、友人から沢山のベビー用品が集まりだしていた。

ところが、そんなある日、またもや、ウキウキヒーローローズに信じられない事件が起こってしまったのだ。

ソクラテスのメモ

ウキウキヒーローズも、ようやく良い感じになってきましたね。馴れ合いではない、本当の信頼関係が生れると、経営改革はすごいスピードで進んでいきます。

スタッフの働く意識が変わる時「その仕事に誇りが持てるかどうか？」が、とても大きな要素になります。働くスタッフが誇りを持てる5個の理由をご紹介しておきましょう。

1．面倒でも人に喜ばれることをやり遂げたこと

2．私達はオリジナルで、
この世でただ一つの存在なんだと感じること
3．お取引先、お客様、スタッフ同士、または地域の方々から、
尊敬・感謝・必要とされていると感じること
4．業界の社会的地位の向上のために
チャレンジしていると感じること
5．私達はお金以上のもののために頑張っていると感じること

さて、ウキウキヒーローズのみんなに、また、新しい事件が起こったみたいですね。大丈夫でしょうか？　とても、心配です。

でも、負けないで！

⑯「もう一度、一緒に世界制覇するぞと言ってくださいよ！」

～あなたはスタッフのためにどこまで身体が張れますか？

春を過ぎ、初夏の陽射しがまぶしい季節になっても、ウキウキヒーローズは快進撃を続けていた。お客様が、感動の体験を、たびたび新聞に投稿してくれたということもあり受注は順調に進んでいた。雑誌やテレビから取材の話も来るようになり、じゅん子社長が取材班を引き連れて出社してくることもあった。

ところが、そんなある日、信じられないことが起こった。その日の夕方、遠藤さんが受けた電話は**「じゅん子社長が亡くなった」**という衝撃の内容だったのだ。

事件は、中国への出張中に発生した。共産党の幹部との面談のために瀋陽を訪れていた時、現地のマフィアに地元住民の少女が暴行されているのを見て、助け出すために分け入ったところ、もみ合いになり何者かによってナイフで刺されたのだという。すぐに病院に搬送されたものの、病院に着く直前に息絶えてしまったのだ。

誰もが、突然の知らせに呆然としていた。

地元有力者の尽力で、遺体は翌日には飛行機で札幌に戻ってきた。じゅん子社長を見るまでは、誰もがこの事件を何かの間違いだと思っていたが、帰ってきた彼女が再び目覚めることはなく、僕たちは、どうしようもない現実を思い知らされた。今にも、「おい、エロ山！」と言い出しそうなくらい、綺麗な状態だった。

そして、あわただしくお通夜、葬儀が行われることになった。今後のことも何も決まらないままだったが、スタッフ全員が、ウキウキヒーローズの社葬で送りたいと言った。３００名を収容する会場が立ち見で一杯になり、弔問客は会場の外にもあふれていた。会長である親父さんと、じゅん子社長のお母さんは、一人娘の突然の死に言葉もない様子だった。

カズさんも、ジーコさんも参列に来てくれた。そして、意外なことにソクラテスの姿もあった。これまでに、じゅん子社長と契約して家を建てたお客様も沢山お別れに訪れていた。

葬儀では、ウキウキヒーローズのスタッフ一人一人が、じゅん子社長から毎週の朝礼でもらったカードを参列者の前で読み上げた。

奈良橋は

お前は人一倍優しい人間だから、住宅営業という厳しい業界で一人前の仕事をするのは大変かもしれない。

でも、私はそんなお前じゃないと助けてあげられない人がたくさんいるのも知っているよ。

自分らしさを大切に、焦らず頑張れ。

というカードを読んでいる途中で、感極まって読めなくなってしまった。彼の心にも何か大きな変化があったのだろう。じゅん子社長に成果を見せられなかったことが悔しくてしょうがない様子だった。

僕は

> 中山は、自分がダメ人間だってずっと悩んでいるみたいだけれど、私はそうは思わない。お前の良いところは、色々なことに気づけるところだよ。賢いフリはしなくてもいい。正直に本音を話すお前が好きだよ。
>
> 赤ちゃん楽しみだな。

というカードを遺影に向かって読み上げようとしたが涙で声にならなかった。

お客様から会社やじゅん子社長に送られてきた感謝の手紙も、一枚一枚読み上げられていった。

ウキウキヒーローズのスタッフは、皆、気丈に式の運営を執り行った。式は通常の時間を大幅にオーバーし、これまでに経験したものとは、ひと味もふた味も違う通夜になった。

参列者全員が最後に焼香する前には、ウキウキヒーローズのスタッフ全員が、じゅん子社長への最後のカードを読み上げた。

どのスタッフからも**「どんな時にも諦めずに、引っ張ってくれて本当にありがとう」**とか、「素直になれなくて、ごめんなさい」とか、「じゅん子社長に教えられたことを絶対に忘れない」という言葉が伝えられた。

遠藤さんは

昔、私が車の事故を起こしてお金が必要になった時、友達だと思っていた人みんなが一瞬でそっぽを向いたが、じゅん子社長だけは自分も大変なのに、心配して手を差し伸べてくれた。その時、本当はすごく嬉しかったのに、なぜか、ちゃんとありがとうを言えなくてずっとひねくれた態度をとってしまっていた。本当にごめんなさい。じゅん子、ありがとう。

というメッセージを涙ながらに読み上げていた。

じゅん子社長は、**僕が知っている何倍も大きな人**だったのだ。

彼女の遺影は、ウキウキたまごの会スタンドアップパーティーでのワンショットが使われた。**笑顔のじゅん子社長の写真がまぶしいくらいに輝いていた。**

参列者が帰った後も、スタッフ全員が、ご親族に頼み込んでじゅん子社長との最後の一夜を共にするために会場に残った。僕は「おい、エロ山！」とか、**「一緒に世界制覇するぞ！」**なんて、もう、二度と怒鳴られないのかと思うたびに切なくて涙があふれてきた。

ところが、夜もふけてくると、ベテラン組を中心に会社の存続をどうするかについての話が出てきたのだ。存続か、解散かで意見は真っ二つに割れていた。

現在、受注しているものをちゃんと仕上げてから解散するという意見や、今すぐ、

⑯「もう一度、一緒に世界制覇するぞと言ってくださいよ！」

残ったお金をお給料として支払うべきだという意見もあった。受注残もあるのに、そんなことが可能なのだろうか？

家族のある人には生活があるので現実的にならざるを得ないかもしれないが、じゅん子社長の前でそんな話をするのは悲しすぎた。みんな、疲れ果てていて話は遅々として進まなかった。

そうこうしているうちに、僕達と一緒に夜を過ごしていたジーコさんが、僕とサントスさんを呼んで**「実は、じゅん子さんから遺言を預かっているんですよ」**と言い出した。

実は、じゅん子社長はウキウキヒーローズに来てから体調を崩しがちで、みんなには内緒で入退院を繰り返していたのだという。

最近は、病院から会社に出勤するということも珍しくなかったらしい。スタッフがまったく気づかないところで、そんな、苦労があったなんて……。

「あってはいけないことだけれど、万が一という時にみんなを路頭に迷わせたくないから」と言われると「バカなこと言わないで下さいよ」と最初は相手にしていなかったジーコさんも、最後には断りきれずに遺言を預かったのだという。

実のところ、病状はかなり深刻で、じゅん子社長は、一番の親友だったジーコさんに、万が一の時のためにとスタッフへの想いを託していたのだ。

それまで黙っていた遠藤さんが「遺言は裁判所で開かないと無効になるのよ、大丈夫?」と言い出したが「ご家族の分はちゃんと別に預けてあるから大丈夫」と、ジーコさんが教えてくれた。

封筒を受け取ったサントスさんが中から便箋を取り出すと、みんながそこに身を乗

り出してきた。

そして、サントスさんはゆっくりとじゅん子社長の遺言を、みんなに聞こえるように声に出して読み上げはじめた。

> ウキウキヒーローズのみんなへ
>
> 今は、ちょうど通夜の最中かい？
>
> 本当を言うと、こんな手紙でみんなにサヨナラをするなんてまっぴらだ。
>
> でも、万が一ということもあるから、私の想いをみんなに伝えておく。

今、みんながこれを読んでいるということは、私は、もう、そっちの世界にはいないことになるよな。まず、私のことを思って、無理に、ウキウキヒーローズを続ける必要はないよ。会社の借金は、保険金で何とかなるようにしてあるから心配しなくていい。ユーザーさまのアフターフォローは、マンチェスターハウス時代の先輩が独立した会社があるから、そこに頼めることになっている。退職金も、少しは払えると思う。

苦労をかけてしまって本当に悪かったな。

⑯「もう一度、一緒に世界制覇するぞと言ってくださいよ！」

でも、もし、何人かでも残って、ウキウキヒーローズを続けるなら、今までのやり方ではいずれ限界がくるからよく聞いて欲しい。もう、営業マンがお客様を追い掛け回す時代は終わりかけている。今のままだと、小さな会社はコスト的にも品質的にも生き残れない。

だから、来店型の行列が出来る住宅会社を目指すんだ。営業マンは、融資と土地のスペシャリストになること。設計は、今後、最初から最後までお客様をエスコートして、一つ一つ、ご家族の想いを実現する最高の家をつくること。工事も、今まで以上に良い仕事をして欲しい。

これからは、着工から引渡しまでの間にどれだけお客様に寄り添えるかが、とても大切な時代になる。詳しいことは、ソクラテスにも頼んであるから連絡をとってアドバイスをしてもらうこと。

新しいリーダーは、残ったみんなで決めて欲しい。誰がやっても良い会社になると思う。

みんなありがとう。みんなと出逢えて本当に良かった。みんなの頑張りに報いてあげられず、こんなことになってごめんなさい。私にとって、みんなとの出逢

いが人生で最高のプレゼントだったと思う。

みんなが私に人を信じることの力を教えてくれたんだ。だから、私はいつも幸せだよ。これが、私が生きたかった人生だと自信を持って言える。

人生には人それぞれ長い、短いがあるけれど、長い人生にも、短い人生にも、春夏秋冬が備わっているんだ。

私にとっては、みんなと出逢い、頑張れたことで春の嬉しさ、冬の厳しさ、夏の楽しさが味わえた。そして、今が、収穫の秋なんだと思う。

この私の人生を無駄にしないために、新たな芽を育てるために、これからの人生、みんなには本当に幸せになって欲しい。

さようなら。

名波じゅん子

誰も、何も口にしなかった。時々、線香を絶やさないように人が動く以外は物音すらしなかった。そして、ずっと沈黙が続いていた。

ウキウキヒーローズを続けようと言い出す人はいなかった。僕にもその勇気は出なかった。本当に、これからじゅん子社長なしで住宅を受注できるかどうか不安だったからだ。みんなは何を考えていたのだろう。

翌朝の葬儀にも沢山の人が集まり、最後の出棺の時には、会社のスタッフだけじゃなく、沢山の友人が棺に抱きついて泣いていた。

ウキウキヒーローズのメンバーは、火葬場への同行は遠慮させていただいた。散々、わがままを言った僕達にも親族の方々は優しく、もし、良かったらと誘ってくれたのだった。ご家族や親戚がマイクロバスに乗り込んでいくのを、僕達は、静かに見守っていた。

そして、出発の合図を知らせる大きなクラクションが鳴らされた。ついに今後の結論が出ないまま、じゅん子社長との別れがやってきた。これが最後だと思うと頭の中が真っ白になった。

と、**その時、じゅん子社長のお母さんが、運転手さんに何かを言って車を止めた。**そして、僕達の方を見てマイクロバスの窓を開けたので、みんながそこに集った。

お母さんは、ウキウキヒーローズのメンバーに「みなさん、本当にありがとうございました。じゅん子は、**この2・3ヶ月、お見舞いに行くたびに、みなさんのことをよく話してくれたんですよ。**あの子は、小さな頃からずっと一人ぼっちだったので、すごく、嬉しそうでした。私からもお礼を言わせてくださ い」と言って、深々と頭を下げた。

お母さんの話は意外で、僕達はとっさに言葉もなく、ただ、ただ頭を下げた。そう

しながら、なぜか、心臓がドキドキとしてきた。

再び、大きくクラクションを鳴らして霊柩車が出発し、マイクロバスが後に続いた。みるみる小さくなっていく2台の車を見つめながら、また、涙があふれてきた。

「じゅん子社長、もう一度、一緒に世界制覇するぞと言ってくださいよ！」僕は、心の中で叫び続けた。

完全に姿が見えなくなっても、ウキウキヒーローズのスタッフはその場を動こうとしなかった。

みんなの顔を見渡すと、ウンウンとうなづいていたり、じっと空を見上げているスタッフもいた。それが、しばらくすると何かを決意したかのような表情に変わり、それぞれが何か一つの確信を持ったようだった。

僕には、なぜかみんなの気持ちが手に取るように分かる気がした。遠藤さんも、奈良橋も、じゅん子社長のために、自分のために、何かをしたくてじっとしていられなくなったのだ。

その時、サントスさんが**「みなさん、話があります」**と言った。

ソクラテスのメモ

突然の別れでしたが、じゅん子社長は、ウキウキヒーローズのスタッフにとって、心から「あなたに出逢えて本当に良かった」と思われるリーダーになれたようですね。

スタッフが心から親しみを持つリーダーには、次のような共通点があります。

1、心から必要としてくれるリーダー
2、心から期待をしてくれるリーダー
3、自分をかえりみずに身体を張ってくれるリーダー
4、優しくしてくれるリーダー
5、大切なことを覚えていてくれるリーダー

じゅん子社長のご冥福を心からお祈りいたします。

⑰ お客様のどんな夢にも NOと言わない住宅会社

~行列のできる会社であるための、お金以上に大切な6つの目的

「僕は、ウキウキヒーローズを続けていきたい。一人でもやるつもりです。みなさんはどうですか？」

と、サントスさんが口にしたのをきっかけに、ウキウキヒーローズは、再出発に向けて、今後の体制などの話し合いをすることになった。

翌日、会社の事務所に集まったみんなの表情からは色々な想いが感じられた。最初に、サントスさんをリーダーにすることでみんなが一致した。そして、これからの目標は、じゅん子社長の遺言にもあったように**「来店型の行列ができる住宅会社」**だということでもみんな異論はなかった。

しかし、実際にどういう風に進めていくかについては、若手とベテランの間で意見が別れた。サントスさんは**「お客様が、心から建てたいお家だけを造る、お客様のどんな夢にもNOと言わない住宅会社になれば、必ず道は拓けるはずです」**と言ったが、営業部のベテランからは「綺麗ごとで家が売れるわけがない」という反発があったのだ。「要望を聞き過ぎたらお客様が我ままになる」とか、「そんなことやっていたら効率が落ちて利益がとれない」という意見もあった。

それからしばらく反対派も食い下がったが、サントスさんは一歩も譲らなかった。**誇りを持って売れる家以外はいっさい手を出さない**と言ったサントスさんの決意は固く、以前のいつも優しかった彼とは別人のようだった。

結局、その話し合いはもの別れに終わり、メンバーの半分が会社を去ることになったが、若手のメンバーを中心に、奈良橋も、遠藤さんも残ることになった。

離れていったスタッフには、意見の合わなかった営業部のスタッフに加えて、以前から、葬式があると言っては仕事をサボってゴルフに行っていた総務部長の岡田や、工事部の川口、本人は残りたがったが、奥さんや家族の了解が得られないで泣く泣く退社を決意したメンバーもいた。

営業の稼ぎ頭である、じゅん子社長がいなくなってしまった現在、当面は受注棟数が大幅に下がることは確実で、遠藤さんからは、人件費の面からも、20名のスタッフを維持するのは大変だろうという話がされていた。

しかし、幸か不幸か、ちょうどスタッフが半分の10名になったことで、辞めていくスタッフには、退職金もわずかばかりながら支払うことができた。去っていくスタッフからも、残ったスタッフからも不平は出なかった。

中国のワールドカップについては、じゅん子社長が一人で担当していたので事情が分からず、諦めざるを得なかった。

こうして、ウキウキヒーローズは**サントスさんを新しいリーダー**として、再びスタートしたのだった。誰も口にはしなかったが、残ったメンバーは、それぞれが、**何かを天国のじゅん子社長に約束していた。**

僕は**「お客様のどんな夢にもNOと言わない住宅会社」**というコンセプトが気に入っていた。それが、じゅん子社長がやりたかったことだと思った。これからは、天国のじゅん子社長に恥ずかしくない生き方をしようと誓った。

サントスさんは、ジーコさんやカズさんといった行列ができる会社づくりに成功した先輩からも、これからのことについてアドバイスを受けながら、新しい会社づくりを進めることにしたいと言った。残ったみんなにも異論はなかった。

そして、サントスさんは、この日から**たばこをいっさい吸わなくなった。**

しかし、行列ができる会社になるために、どんなことをしなければいけないか？

経営も営業もシロートの僕達は、張り切ってスタートしたのはいいものの、何も分からないまま最初から暗礁に乗り上げた。具体的なことが何もイメージできなかったのだ。

そこで、遺言にもあったが、僕達はジーコさんとカズさんに頼んでソクラテスに相談してみることにした。ソクラテスは、すぐに会社を訪ねてきてくれた。カズさんが話したとおり、小柄で太い体型だった。髪型はライオンのようなボサボサ頭。しかもザビエルハゲという、とてもユニークな風貌だった。

この人が、ジーコさんやカズさんが信頼するソクラテスだと知らなければ、僕は思わず腹を抱えて笑い出していたことだろう。ジーコさん、ソクラテスと、ハゲでも活躍している人が増えていることが僕には少し嬉しかった。

ソクラテスは、さっそく、10人のスタッフを前にして、少し照れくさそうに話を始めた。

そして、意外なことに彼はウキウキヒーローズの状況をよく知っていた。じゅん子社長から、時々、相談をもちかけられていたのだ。もちろん、カズさんやジーコさんからも話を聞いてくれていた。

ソクラテスは、最初に、「ここにいる皆さんが、お客様だけじゃなく、自らがウキウキできるためのプロセスに取り組んできたことが、行列のできる会社づくりのためにすごく役にたっている」と話してくれた。

また、意外なことに**「行列のできる会社づくりはすでに半分くらいまでできている」**とも説明してくれた。確かに、最近はじゅん子社長を指名する人よりも、会社としてご紹介をいただくことが増えてきていた。だからこそ、若手の設計士が活躍する場面も多くなってきていたのだ。

ソクラテスには、僕達が感じていた仕事上の悩みや苦しみが手に取るように分かっていたようだ。この何とも不思議な風貌の紳士が、行列のできる会社づくりについての全体像を話すのを、みんなはとても興味深く聞いていた。

最初は、何となく落ち着かなかったスタッフ達も、彼が話すことの根底に、とても

深い愛情のようなものを感じ、聞けば聞くほど僕達の心から**不安が無くなっていった。**

ソクラテスからは、これからの営業方法についての説明も行われた。出逢いから契約、引渡しまでのプロセスと、引渡し後のお客様をどうやってフォローするか、また営業部、設計部、工事部が、それぞれどのようにお客様に対応すればいいかを具体的に説明してくれた。

今までとの一番の違いは、お客様の思いを徹底的に聞き取りしたプランを提示する時に、

「当社にお任せいただくかどうかだけ、この段階で、決めていただけませんでしょうか？　もし、当社に決めていただけましたら、とことんご要望にお応えすることをお約束いたします。ここでお聞きするのは、当社に任せてくださるお客様に、全力投球をしたいからなのです。

ただ、安いだけとか、その時だけ我がままを聞いてくれる会社をお求めの方は、大変申し訳ありませんが、当社のお客様ではありません。

建築されるかどうか分からないお家のために、大切な人員を割くのは、無駄なコストをかけることとなって、結局は価格を上げるか、内容を下げることになって、本気のお客様にご迷惑をかけることになってしまうのです」

というプロセスを設けることになったことだろう。

これは、プランの提案力や施工実績だけでなく、会社としてすべての事業プロセスがお客様にとって素晴らしいものであるという自信がないと言えないことだった。普段の接客や、聞き取り、ご報告、工事中は釘の1本まで真剣勝負をしていないと成立しないやり方だ。

ソクラテスの話に、設計部のスタッフ達の目が輝きだしていた。これまで、何枚設計図を描いても他社に負けて採用されずに悔しかったことや、値切られて泣きたくなった経験をみんな忘れられるはずもなかった。

工事部のスタッフには、**建築現場を一種のテーマパーク**のように変えることで、お客様の家づくり体験を、**安心で、楽しい思い出深いものに**する役割が課せられた。

「お客様のどんな夢にもＮＯといわない住宅会社」が本当に成立するかもしれない。今、この瞬間に、本当の意味で、全員主役のウキウキヒーローズになれるかどうかが問われていた。

話を聞きながら、どんどんと込み上げてくる期待感と、やる以上はとことんやらないとすべてが無駄になるという引き締まった想いで、10人は一言も聞き漏らすまいと、ソクラテスの話に耳を傾けていた。

他にも、来店型の営業をするためには、**お客様フォローデータベース**が欠かせないという話が出た。お客様にとって大切な情報や問題点を、スタッフ全員で共有しながら、**きめの細かい解決策**をその都度提供するというのがその目的だった。

この説明に、サントスさんは何度も深くうなづいていた。

例えば、障がいを持っている子どもがいる、奥さまがご主人を介護しているといったことに対して、その問題を、自分の家族のことのように考えた対応ができるかどうか。

これによって、お客様が、私達を本心から頼ってくれるようになるかどうかが決まるのです、とソクラテスは説明してくれた。

僕には、カード活動を引き続き積極的にすすめることと、お客様やスタッフの想いを発信することに更に力を入れるようにとの指示がでた。携帯サイトやネットの活用方法についても分かりやすく説明してくれた。

「ウキウキプレスいつも読んでいるよ。とっても良く出来ていると思う。これから、この会社に行列ができるかどうかは君が大きな鍵を握っているから、大変だろうけど頑張って下さい」

雲の上の存在だと思っていたソクラテスからアドバイスされた僕は、顔を真っ赤にして「はい」と応えた。すごく気合が入ってきた。みんなも**「頑張れよエロ山」**と励ましてくれた。

この日のミーティングは深夜に及んだが、僕達はすぐに行動を開始することにした。

まずは、これまでに家を建てて下さったり、リフォームをご依頼下さったユーザーの方々、現在建築中のお客様、そして、取引業者を招いて、今後の方針に関する説明会を開いた。

意外なことに、お客様、取引業者のみなさんは、温かく僕達を応援してくれた。嬉しいことに、その場で、さっそく家づくりをご予定されている方をご紹介いただく場面もあり、とてもありがたかった。

ご紹介を下さったのは、サントスさんが設計を担当したお客様だった。

それからすぐに、ジーコさんが店舗改装の相談に来てくれた。美容室ファンタジスタを路面店に持ってくるというのが、昔からの夢だったそうだ。その夢を、ついに実現させるパートナーとして僕達を選んでくれたのだった。ジーコさんの希望で、設計、工事は若手が起用されることになった。

もちろん、サントスさんが全体をしっかりとプロデュースすることになっている。

しかし、このジーコさんの心意気と優しさには全員が胸を打たれてしまった。ユーザーのみなさんにも、このエピソードはウキウキプレスを通じて伝わり、リニューアルしたファンタジスタには、ウキウキ関係のお客様がたくさん来店するようになった。

ある時、ソクラテスは**「本当のファンづくりというのはこうやってやるんだよ」**と話してくれたことがあった。確かに、ジーコさんはこのエピソードでかなりの口コミを獲得しているに違いない。美容業界も、毎年、市場が縮小している。どうしてファンタジスタが人気を保てるのかという秘密を、少し垣間見ることができた気がした。

この話を朝礼で伝えた時、みんなからは大きなため息がもれた。

10月になると、奈良橋が盲目のご夫婦と新築の契約をした。朝礼で、サントスさんに呼ばれた奈良橋がみんなの前で報告をした時、みんなからは口々に

「オーっ！　やったじゃん、奈良橋！」という歓声があがった。

実は、盲目のお客様のお家を建てるには、実物や図面を目で見てもらうことができないので、手取り、足取り、打ち合わせをしなければならず、使い勝手を良くしてあげるためには大変な時間と手間がかかるのだ。

それでも、奈良橋はそのご夫婦に付き添って、一つ一つの材料などを手で触らせてあげたり、階段の高さや、手すりの具合を伝えるなど、心を込めてプランニングを進めた。その一生懸命さが信頼されて実を結んだのだ。奈良橋らしい、回りのスタッフが優しい気持ちになれる仕事だった。

それ以降も、奈良橋にはハンディキャップのある方からの紹介が出るようになり、月を追うごとに彼は自信をつけていった。

11月、まだまだ、新生ウキウキヒーローズはスタートしたばかりだったが、すでにフル稼働の状態になっており、さらに年明け以降の分も、数棟の受注を獲得することができていた。

ソクラテスが言っていた、行列ができる住宅会社になるためのプロセスが、目に見えて機能しだしていた。最初は、お客様に対して**「当社で建てるかどうか決めてください」**と言うのは、サントスさんの仕事だった。やはり、運命の一言にはプレッシャーが大きかったのか、誰もやりがらなかったが、次第に、他の担当設計師が言うようになっていった。

これを経験することで、若手の設計スタッフはどんどん自信をつけ、成長するようになっていった。

工事のスタッフや大工さんも、お客様とすっかり打ち解けるようになり、引渡しまでに新たなお客様をご紹介いただけるという、嬉しい展開もチラホラと出てきた。

ソクラテスは「お客様の笑顔が何よりの教科書です」と話してくれていたが、まったく、その通りだと思った。

辞めていったスタッフの中からは、早くも、再び就職したいという声が聞こえ始めていた。

ソクラテスのメモ

いったん走り出した会社には、アドバイスはほとんど必要ありません。スタッフみんなが、会社がお金以上の何かのために存在していることが分かっているからです。

もちろん、働いているスタッフの生活や、会社の存続はとっても大切なことです。けれども、もっと大切にすべき目的がお腹の底から湧き上がってくること。それが、行列の絶えない会社づくりには欠かすことができません。

それでは、お金以上に大切なものとは何か？　会社が社会の中で
存在していくために、
一番大切な使命は次の6つです。

1．人のため、世の中のために役に立ち、
世の中を良くしていくこと
2．他にはない、自分達にしかできないことをしていくこと
3．人々を励ましたり、勇気付けたり、
楽しませたり、和ませていくこと
4．大切なもの（家族、友人、自然、子ども、弱いもの）を
守っていくこと
5．悪（悪徳業者、病気、災害、戦争、貧困）が
世の中にはびこるのを防いでいくこと

6．本気になれる人だけが持つ、勇気がないとできないことをしていくこと

ウキウキヒーローズのみんな、ガンバルんだよ！

⑱ きっと、彼女も今の僕達のことを見ていてくれるだろう

〜ウキウキヒーローズがチャレンジを止めない10個の理由

それから、あっという間にクリスマスのシーズンがやってきた。街のあちこちに大きなクリスマスツリーが飾られ、陽気な音楽が街中に鳴り響いていた。

北海道の住宅業界は冬場には雪が降るのであまり動かなくなるのだが、そんな中でも、ウキウキヒーローズでは以前にも増して忙しい日々が続いていた。

毎日が目まぐるしく過ぎていき、12月も残り10日余りになったある日、遠藤さんが、唐突に、**お世話になったお客様に少しでもご恩を返したい**と言い出した。

彼女の案は、クリスマスイブの夜に、小さな子どもがいるお客様のために、サンタクロースさながらのベルをならして回るという企画だった。

ウキウキヒーローズのメンバーが、お父さん、お母さんが希望する時間をあらかじめ聞いておいて、その時間になると、クリスマスっぽい格好をして、**シャンシャンシャン♪**　と耳慣れたサンタのベルを鳴らしながら、そのお宅に近づいていくのだ。

その時、家庭では、お母さんが**「ちょっと待って、サンタさんじゃない?」**　とテレビの音を消す計画だ。

そして、みんなで耳を澄ますと、かすかにサンタさんのベルの音が聞こえてきて、それが、だんだんと近づいてくるのだ。子ども達に驚きの表情が広がるのをみて、お父さんが**「よし、みんなでサンタさんを呼ぼう」**　と声をかけ、家族みんなが全員で**「サンタさーん!」**　と大声で叫ぶ。

287

ベルの音は「サンタさーん」の呼び声に合わせて、いっそう大きくなるが、姿を見せることはなく、やがて遠ざかって聞こえなくなる。

気づくと、玄関の外や、子ども部屋に**プレゼントが用意してある……。**

あの遠藤さんが、何とも夢のあるいい企画を考えたので、みんなは一様に**「以前の遠藤さんと同一人物とは思えない」**と彼女をちゃかした。

けれど、誰も反対する人はいない。その場で実行が決定し、すぐにサンタのベルサービスの希望者の確認作業がはじまった。もちろん、すべて無料である。

ところが、クリスマスイブの当日はあいにくの吹雪で、夕方を過ぎても弱まる様子はまるでなかった。天気予報も、ずっと暴風雪警報がでたままだった。このまま、中止になるのも仕方ないと思っていた午後8時、それまでの横殴りの雪がピタリと止んだ。そこで、いつでも出られるように待機していたスタッフはサントスさんも含めて、今だとばかりに全員がベルを持ってお客様のお宅を回ったのだった。

今年、住宅を新築させていただいたご家族さまのお家から**「サンタさんだ、サンタさんだ！」**という、子ども達の歓声が漏れ聞こえてくるのを聞くと、本当に住宅の仕事をしていて良かったと思った。

やはり、ウキウキヒーローズのスタッフは、お客様のご家庭が、**いつまでも幸せと笑顔であふれている**ことを願ってこの仕事をしているのだ。

じゅん子社長は、よく、お客様に対して、

「家庭の中心はお母さんです。そのお母さんの仕事をできるだけ少なくし、毎日、好きなものに囲まれて、楽しく過ごせるようにするのが、私達の仕事なんです。

収納もただ沢山あるだけで使いづらいと、お掃除もいやになっちゃうかもしれないし、干した洗濯ものでお子さま達の顔が見えなくなるとコミュニケーションも少なくなるかもしれません。高級なキッチンも使いづらいとお料理が楽しくなくなってしまいます。

だから、私達が必要なんです。一家の心の大黒柱であるお母さんが、毎日、笑顔でいられるように、ご家族のだんらんが少しでもたくさん取れるように、目の前でお子さまの成長を見守ってあげられるように家づくりのアドバイスをさせて頂いているんです」と話していたのを僕は思い出した。

そうだ、いつだって、ウキウキヒーローズは**お客様の笑顔のために**頑張ってきたのだ。これも、ソクラテスがいう「チャレンジをやめない10個の理由」のとおりだった。

きっと、じゅん子社長も今の僕達のことを見てくれているだろう。

ベルサービスを終えて戻ってきたスタッフは、みんなが口を揃えて、『**きっとじゅん子社長が子ども達の願いを叶えるために吹雪を止めてくれたんだ**』言っていた。

すると、不思議なことに、どこからともなくかすかなベルの音が近づいてきたのだ。スタッフは全員戻ってきている。みんなは、ありえないことに目を見合わせたが、すぐに笑顔になった。じゅん子社長が僕達に何かを伝えにきたのだ。きっと、よくやったと褒めに来てくれたんだと思う。

その時、スタッフの心は紛れもなく一つになっていた。

このサンタさんのベルサービスは、北海道のテレビ局が取材をしており、夜のニュースで全道に放送された。これは、僕のプレスリリースに、テレビのディレクターが反応してくれたことがきっかけだった。

その後、ユーチューブでこの録画映像が配信されると、ネット上でウキウキヒーローズのことがちょっとした話題になった。24・25・26日の3日間だけでも10万回以上再生され、全国ニュースでも、サンタさんのベルサービスの模様が再び放送されたり、お笑いタレントがバラエティー番組で話題にしてくれるという嬉しいことが重なった。

きっと、世の中は明るい話題を求めているんだろう。そんなことを思いながら、2009年が暮れていった。

ソクラテスのメモ

「ウキウキヒーローズがチャレンジをやめない10個の理由」

たとえ目の前に壁が立ちはだかり、逆風が吹いていたとしても、ウキウキヒーローズのスタッフが1日1ミリずつでも前進し続ける10個の理由。

1．新しい自分に出会うために本気で挑戦し、成長していることを実感できる仕事だから

2. 自分の人生を形づくってくれた、
親友との友情や先輩の恩に応えることができる仕事だから

3. 高い評価を受け、
感動を届けていることが実感できる仕事だから

4. 私達にしかない才能や経験が生かされている
実感を持つことができる仕事だから

5. お金以上のもののために頑張っていることが
実感できる仕事だから

6. 自分が好きなことや自分にできることで、
人が喜んでくれ、期待も感じられる仕事だから

7. 仲間達から支えられ、優しくされていること、
自分の存在が大切にされていることを実感できる仕事だから

8. 自分が誰にも取替えがきかないただ一人の存在であることが
実感できる仕事だから

9. 世の中から必要とされ、
人々の笑顔や幸せにつながっている仕事だから

10. 家族を大切にできる仕事だから

ウキウキヒーローズのみんな、一年間ご苦労さまでした。
どうぞ、良いお年を。

エピローグ

2010年、1月5日、奈美恵が30時間の難産の末、元気な女の子を出産した。サントスさんのおかげで、陣痛が始まってから、僕はずっと彼女に付き添うことができた。先生が自然分娩を諦めて帝王切開を決断し、彼女と手術室に消えて行ってから、赤ん坊の元気な泣き声が聞こえるまでの40分間は数時間にも感じられた。

子どもの名前は、1月5日生まれで、じゅん子社長の好物でもある苺（いちご）と名づけた。じゅん子社長のように強くて、人間味のある女性になって欲しいという想いもあった。僕は毎日、苺と奈美恵に会うために病院に通った。ジーコさんや、カズさんもお祝いを持って駆けつけてくれた。

一昨年の11月にウキウキヒーローズに入社する直前、僕は、コンサルタントの仕事に行き詰まり、最後はテレビ塔のてっぺんから、首を吊るなんて投げやりなことを考えていた。

ところが、相馬先輩の紹介でじゅん子社長に出会い、人生が大きく変わりはじめたのだった。ちょうど一年前には、ウキウキたまごの会のスタンドアップパーティーが行われていた。

そして、ついさっき、ソクラテスが、苺に会うために病院に駆けつけてくれた。そして、太い腕に苺を抱きかかえてあやしてくれたのだった。苺はソクラテスのヒゲが気に入ったようで、キャッキャとはしゃいでいた。その時、彼が

「人生は自分のためのプレゼントです。いつだって素敵なことであふれている。負担や不安、そして疑問に向き合い、未来を見つめること。仲間を大切にすること。自分達が何者かを忘れずにいること」とつぶやいた。

僕は、あ、これがウキウキの真髄なんだと思った。よし、これからもウキウキで人生を駆け抜けていこう。

その後、ウキウキヒーローズは、昨年末に全国ニュースで取り上げられたのをきっかけに、全国の雑誌やテレビでも特集を組まれるという幸運に恵まれた。その効果は絶大で、春頃には受注が一年先まで埋まっているという状態だった。

わざわざ札幌まで日本全国から見学者が訪れるようになり、その対応で会社は更に忙しくなっていた。そして、サントスさんをはじめ、多くのスタッフが、中小の会社から全国的なハウスメーカーまで、引き抜きの誘いを受けているようだった。

しかし、ウキウキヒーローズ以外の会社で働くことには、誰も、興味を持っていないようだ。

そんな、ある日、ついに、僕にもあのテレビCMのセリエホームからお声がかかった。一年半前には借金タレでどうしようもない状態だったことを思えば夢のような出来事だ。引き抜きには信じられないような条件が提示された。その他に、大手のコンサルタント会社からも、コラボレーションや引き抜きの誘いがあった。

けれど、もちろん答えはＮＯだ。

だって、ウキウキヒーローズは、じゅん子社長や、サントスさんやみんなの想いが、結晶となってできた会社なのだから。

みんなが、じゅん子社長が眠るこの土地から、「お客様のどんな夢にもＮＯと言わない住宅会社で、日本の住宅業界をウキウキに変えていく」という夢に向かって進んでいくことが、最高の人生だと信じているのだ。

〔終わり〕

あとがき

最後までご覧くださり、本当にありがとうございました。この本を出版させて頂くことで、世の中にウキウキを発信するという夢を実現することができました。

しかし、完成・出版までには、私一人では解決できない沢山の壁がありました。そして、多くの方々のお世話になりながら、この企画は一歩ずつ前進してきました。その中でも誌面の許す限り、感謝の言葉をお伝えしたいと思います。

有限会社香取感動マネジメント 香取貴信さん、初めて出逢った時、私の身の上話に涙を流して聞いてくださったことは一生忘れられません。以来、「心の兄貴」として慕わせていただいています。出版においても、沢山のアドバイスやご紹介等の応援を頂きました。

http://www.e-storybank.com/

あとがき

ＣＵＴＣＵＴＪＵＮの川根順史先生、私が間違いをしたり、どんなに孤独になっても、見放さないでいつも横にいて下さる大切な人生の師匠です。カリスマ美容師で教育者のじゅん先生との出逢いがなければ今の私はありません。

http://www.cutcutjun.co.jp/

株式会社テス・カンパニーの田村則征社長、私が結婚した時、人生の希望を失っていた時、いつも信念を曲げない生き方を見せてくださいました。

http://www.tescompany.co.jp/

ヘアーギャラリー柳本の柳本哲也マスター、平成20年9月8日、出逢ったその日に朝までカラオケボックスで語り明かし、お腹が痛くなるほど笑わせてくれました。あの夜から、私は笑いの大切さに目覚めました。

http://www.hair-y.com/

エイチエス株式会社の斉藤和則専務、平成20年11月6日、後楽園ホテルで「出版の企画を出して欲しい」と、言って下さったこと、辛抱強くアドバイス下さったことは感謝してもしきれません。思えば、あれが運命の瞬間でした。

http://www.hs-prj.jp/

エステスタジオ麻生 代表の小山内峰子さん、あなたが僕の無料勉強会にお賽銭箱を持ってきてくれたことが僕の人生を決定づけてくれました。いつも一生懸命に人を応援する姿に感動しています。

http://mineko.be/

株式会社家計画　元代表取締役　故小川有美さん、あなたが使命感に燃えながら駆け抜けている姿は、私の人生に初めて本物の炎を点火しました。短い間でしたが、一緒に過ごした身体中の血が燃えたぎるような日々は、一生の宝物です。

http://www.iekeikaku.co.jp/

ソニー生命保険株式会社 札幌ライフプランナーセンター 小西俊弘さん、以前、あなたが私の文章を読んで「これを読んで、正にこの通りだと思います。是非、世界中の人に読んでもらいたいです」と励まして下さったことがありました。その時は、少し照れ臭い気もしたのですが、計り知れない勇気を頂きました。

http://2way.jp/SL/KonishiToshihiro/

株式会社生杉建設 新井誠社長、行列の出来る住宅会社を目指して一緒に冒険をするパートナーとして、信頼下さっていることにこの上ない感謝の気持ちで一杯です。

http://www.ikesugi.co.jp/

有限会社秋島建設　秋島由貴さん　女性ならではの視点で家づくりを頑張っている貴方から多くのヒントを頂きました。

http://akishima.seesaa.net/

林建設工業株式会社 元専務取締役　故今井政信さん、不屈の闘志で岩盤浴を日本から世界に広めていった背中からたくさんの勇気を頂きました。

株式会社インタークロス　栢野克己さん、まさにどん底の時代から、いつもアドバイスを頂き、励まして下さいました。

http://yumesenkan.jp/

千歳平安閣 Lien の今野良紀支社長、良い時にも、悪い時にも、変わらず数々の応援と励ましを頂きました。なにより、友情とは何かを教えてくれました。

http://www.weddingstory.co.jp/

モエル株式会社 の木戸一敏先生、平成20年9月2日、先生が「あなたなら絶対に商業出版できる。日本全国にあなたを待っている人が何万人もいる」と励まして下さったこと、有名な出版社を何社もご紹介して下さったことに心から感謝しています。

http://www.694-12.com/

丸山美和さん、今回は、イラストを担当して下さり、おかげさまで本がとても素敵になりました。まっすぐな生き方を貫く貴方を心から尊敬しています。

あとがき

オフィスこの指とまれ代表の菊池正浩さん、平成20年9月8日、「本を出したい」と言った私に、エイチエス株式会社の斉藤和則専務をご紹介下さいました。この出逢いが、「ウキウキヒーローズ」の誕生につながりました。

http://www.okyt.info/

それから、ファニーハーツ木谷俊文さん、啓成産業 中田賢吾さん、ひなたクリニック三橋裕一先生、伊東みのぶさん、岸上愛さん、高野哲さん、大元工務店 大元敏和さん、プルデンシャル生命保険株式会社札幌支社の相馬禎久さんと畑中孝文さん、吉田和哉さん、らーめんみのり 石崎道裕さん（大将）、アクトサービス 笹村一さん、松岡忍さん、メガネの光新 宇野守さん、横田昌樹さん、鹿角一之さん、濱田宏一さん、田上純子さん、石川辰義さん、高橋照二さん、阿部配管 阿部寛社長、徳田文昭さん、楠見ひとみさん、佐藤美鈴さん、水口正之さん、菖蒲真咲さん、高後圭児さん、さくら咲くクリニック 長根忠人先生と紀子さん、中嶋アユ美さん、藤井菓子舗 藤井千晶さん、生杉建設 松山和裕さん、ジュネス美容室 三浦賢さん、司法書士 財部朗先生、ブリスフルガーデン 菊地幸さん、大村賢人さん、石川恭平さん、荻野真紀さん、マッシュネット工藤洋子さん、オーバーカム 新田勝利さん、テクノス 宍戸千郁さん、テス・カンパニー 渡辺栄さん 原田崇西さん 川村敏久さん 松山良治さん 花本卓哉さん、齋藤貴美子さん、書家 若山象風先生、奥田真悟さん、川口浩二さん、かけはし 下川部康雄さん、オタキック 鷲澤毅芳さん、永井真千子さん、高橋寿子さん、すえおか こどもクリニック 末岡裕文先生、森雅博さん、鎌塚翼さん、メンタルコーチ遠藤美穂さん、小松孝男さん、野口染舗 野口繁太郎さん、池田卓爾さん、PAP 梅村政弘さん、塚田琢哉さん、塚田由紀さん、社会保険労務士 細川美穂先生、星景写真家 中垣哲也さん、ちゃっかりダイエットココミン横山一彦さん、松村修さん、社会保険労務士・行政書士 荒千鶴先生、佐藤佳子さん、cafe Anding 山口直樹さんと山口美佳さん、札幌ベイト 山田聖一さん、渡邊泉さん、水口 剛さん、アイウェア 小山内拓さん、本村信人さん、トータル・エージェント 平尾信之さん、曽根崎雅治さん、羽山プロジェクトオフィス 羽山直臣さん、TAKETO.is吉守雄人さん、伏見一彦さん、ステーキの店牛車 前田裕実さん、行政書士 篠原賢吾先生、藤井正樹さん、想いを伝える手描き屋さん 室井裕美さん、多羽田誠さん、佐藤美津子さん、藤江大樹さん、小川聡さん、ひろ喜 浦野博行さん、田中宏明さん、感謝という言葉だけでは、本当に届けたい気持ちを伝えきれません。みなさまの顔を思い浮かべるたびに胸が一杯になります。本当に、ありがとうございます。

最後に、いつも私を温かく見守ってくれたルミさん、いつも元気な蓮ちゃん、あなた達がいなければきっと今回の企画は途中で挫折していたと思います。

心の底からの感謝を込めて。

堀内正己

ウキウキホリウチマンこと

堀内正己

Masami Horiuchi

経営コンサルタント
有限会社 EQメッセンジャーズ　代表取締役

1972年生まれ。2000年に解体工事の現場監督から、行政書士の個人事務所として独立。以来、まったく、鳴かず飛ばずの４年間を過ごした。食うや食わずの状態で粘り強く耐え忍んでいたが、2004年、ついに貯金が底をつき進退が極まる。倒産を覚悟し、最後の賭けで「お客づくり大学」というセミナー交流会を設立したところ、２年間で様々な分野の成功者や、経営者、独立希望者、フルコミ営業マンなど2000人の人脈に広がった。

これをきっかけに、１年間に100棟の住宅を受注する、「住宅営業日本一」の女性社長と木造住宅の販売で世界制覇を目指したり、顧客フォローデータベースを活用した営業方法の達人から、次々と紹介や口コミを頂く方法を伝授されるという経験に恵まれる。

2005年から、友人の会社の建て直しの相談を受けるようになり、最初に関わった会社が２年で黒字化した事をきっかけに、口コミで様々な会社のコンサルを依頼されるようになった。それと同時に、営業の達人から教わった顧客フォローデータベースを使った口コミ・ご紹介営業方法が友人の間で広がり、成功者を次々と生み出している。

2006年 有限会社 EQメッセンジャーズを設立。2009年 自身のノウハウを体系化し「ウキウキ理論」としてまとめる。

現在、社員規模1名から200名の住宅業、美容業、飲食業、販売業、コンサル業、保険業のクライアントに対してコンサルタント活動を行うのと同時に、お客づくり大学、ウキウキ顧客フォローデータベース教室などのセミナーを開催している。

○著作・製作プロジェクト参加
2006年　「さくら咲く終わりのない物語」(桜空間)
2007年　「成長と感動の連鎖反応を引き起こす目的のつくり方」(自費出版)
2009年　「私の夢手帳２００９」(エイチエス株式会社)

○連絡先
060-0034　札幌市中央区北4条東2丁目7-1-601
TEL.011-251-6610　FAX.011-207-0180　E-mail. main@uki2.biz

○ホームページ
「ウキウキ理論」　http://uki2.biz

○メール
main@uki2.biz

考える野球

スポーツに！　ビジネスに！　人生に！
勝利をもたらす熱き成功術

著者
遠藤友彦
定価1500円（税込）

日本を救う!!
「当たり前基準」

ウガンダ国際交流から学ぶ
未来を豊かにする指針

著者
遠藤友彦
定価1500円（税込）

ビジネスで成功する髪型の法則
ビジ髪

なぜ成功している社長の髪は
シチサンなのか？
「ビジネスで成功したい人に」
また「企業のガイドライン」として、
役立つ1冊

著者
柳本哲也
定価1600円（税込）

DVD&CD
きっとうまくいく ビジネスマン講座

2008年10月、
札幌エルプラザで行われた
講演を完全収録！
北海道のビジネス書作家
3人による夢のコラボセミナー

定価4000円（税込）

会社の危機を何とかしたいけど、やり方がわからないと悩んでいる

ひとりぼっちの社長のための事業再生

札幌で中小企業の事業再生に
取り組むコンサルタントが
地方の中小企業の社長サン
あてに書いた、お手紙のような本

著者
山崎　誠
定価1365円(税込)

モチ論

Motivation

北海道を元気にする本！
身近にいる元気な人、無名だけど
スゴイ人、自分の夢を追い続けている人たちの
モティベーションの源を紹介

定価1365円(税込)

元ミスさっぽろ青山夕香の

モテる!!コミュニケーション

人からモテる！仕事からモテる！
みんながあなたを好きになる！
元ミスさっぽろの著者が
身につけたモテるための
コミュニケーションスキルが満載！

著者
青山夕香
定価1500円(税込)

村上スキーム

夕張／医療／教育
——地域医療再生の方程式——

この本には、
本気の地域医療の
再生メソッドが詰まっている

著者
村上智彦
三井貴之
定価1575円(税込)

【ウキウキヒーローズ】

初刷 ―― 二〇〇九年九月二十五日
第二刷 ―― 二〇一〇年七月六日
著者 ―― 堀内正己
発行者 ―― 斉藤隆幸
発行所 ―― エイチエス株式会社　HS Co., LTD.
064-0822
札幌市中央区北2条西20丁目1-12 佐々木ビル
phone : 011.792.7130　fax : 011.613.3700
e-mail : info@hs-prj.jp　URL : www.hs-prj.jp
発売元 ―― 株式会社無双舎
151-0051
東京都渋谷区千駄ヶ谷2-1-9 Barbizon71
phone : 03.6438.1856　fax : 03.6438.1859
http : //www.musosha.co.jp/
印刷・製本 ―― シナノ書籍印刷株式会社
乱丁・落丁はお取替えします。

ISBN978-4-86408-922-7